周氏超赢
期货系统及定式

周耀华 著

地震出版社
Seismological Press

图书在版编目（CIP）数据

周氏超赢期货系统及定式 / 周耀华 著. 一北京：地震出版社，2020.12
ISBN 978-7-5028-5201-6

Ⅰ．①周… Ⅱ．①周… Ⅲ．①期货交易－基本知识 Ⅳ．①F830.9

中国版本图书馆 CIP 数据核字(2020)第 148306 号

地震版　XM4503/F（5921）

周氏超赢期货系统及定式

周耀华　著

责任编辑：范静泊
责任校对：凌　樱

出版发行：地震出版社
　　　　　北京市海淀区民族大学南路9号　　邮编：100081
　　　　　发行部：68423031　　68467993　　传真：88421706
　　　　　门市部：68467991　　　　　　　　传真：68467991
　　　　　总编室：68462709　　68423029　　传真：68455221
　　　　　证券图书事业部：68426052　　68470332
　　　　　http://www.seismologicalpress.com
　　　　　E-mail:zqbj68426052@163.com

经销：全国各地新华书店
印刷：北京兴星伟业印刷有限公司

版(印)次：2020 年 12 月第一版　2020 年 12 月第一次印刷
开本：787×1092　1/16
字数：137 千字
印张：9.25
书号：ISBN 978-7-5028-5201-6
定价：68.00 元

版权所有　翻印必究

（图书出现印装问题，本社负责调换）

目 录

序 ……………………………………………………………… 1

第一章 理论基础 …………………………………………… 1
第一节 趋势行情与震荡行情 …………………………… 2
第二节 趋势操作——三波理论 ………………………… 4
第三节 震荡操作——镜像理论 ………………………… 10
第四节 箱体理论 ………………………………………… 20

第二章 应用技巧 …………………………………………… 27
第一节 布林轨技巧 ……………………………………… 28
第二节 调整中的ABC …………………………………… 35
第三节 零轴线技巧 ……………………………………… 40
第四节 分时图战法 ……………………………………… 48

第三章 模式举例 …………………………………………… 51
第一节 复制性模型 ……………………………………… 52
第二节 傻瓜模式 ………………………………………… 61
第三节 彩色K线模式 …………………………………… 77
第四节 极简模式 ………………………………………… 84

第四章 超赢MACD ………………………………………… 93
第一节 MACD指标详解——MACD的计算公式 ………… 94
第二节 MACD指标的基本应用原则 …………………… 97
第三节 MACD指标的基本应用方法 …………………… 99
第四节 MACD指标的十大功能 ………………………… 100

序

在期货市场中，常用的操作方法有两种：基本面分析法和技术面分析法。基本面分析法主要是对供求关系、GDP、通货膨胀、汇率、利率、经济运行周期、政策、国际局势等对期货的影响进行分析操作；技术面分析法主要是对价格、量能、图形、趋势等，通过经典的道氏理论、江恩四方形理论、波浪理论等进行分析判断操作。

在技术面分析中包括以下方面：

一是理论基础：①价格包容一切；②趋势一旦形成将会延续；③历史会重演，但不会简单的重复。

二是技术分析要素：量与价。

三是技术分析的方法：主要包括图形分析、趋势分析、价格形态分析、随机技术指标、相对强弱指标以及平滑异同移动平均指标等。

在资本市场上，"钱"说了算，而推动市场趋势的一定是主力资金，主力资金操纵着市场的上涨或下跌。而政策面、经济面、基本面、消息面，是导致主力资金决定市场趋势方向的因素。主力的决策导致了价格和趋势的变化，所以，"价格包容一切"。当主力决定了市场方向，就会发动一次攻势，形成一波趋势，当"趋势一旦形成将会延续"，而主力在操控中是有一定规律性的，这种规律性往往伴随着各种变化在重演，所以，"历史会重演"，这就是市场变化的逻辑。我们投身于这个市场就是要研究这种"价格变化的趋势和逻辑，做到有的放矢"，把握住每次机会。在资本市场，永远是主力与散户的一种博弈，在这种博弈中，主力占据着资金和主导趋势的有利条件，它们要从散户手中赚到钱，就会使用各种招术打败散户。在发动趋势的初期，低位通过打压市场，诱空、挖坑，骗取散户手中的大量筹码；在拉升期，又怕散户跟风、占便宜，就不断地"洗盘、假摔、震仓"，甩掉散户；到高位主力要派发，又要利用散户接筹，就会造成种种诱多的假象，骗得散户接盘。所以，在资本市场，永远是在高位散户的筹码大于主力的筹码，在低位主力的筹码大于散户的筹码。作为一个普通散户，只有跟上趋势，搭乘主力方向的顺风车，才能赚到你投机成功的"辛苦钱"，这才称得上是"投资者"。

何谓趋势？江恩定律认为："趋势=价格+时间+形态"，也就是价格随着时间形成的方向，这就是趋势。而趋势在发展过程中，又伴随着动荡、变换、坎坷、蹉跎，使你在操盘中，产生怀疑、犹豫、惊恐，造成你在心态上的障碍，这是一种最普遍的现象。

如何把握趋势，这就要借助于工具——技术指标，无论是主力还是散户，在操盘中都离不开技术指标，大家都按照技术指标操作，这就形成了变化中的相对统一，形成趋势的规律性和逻辑性。所以，用好技术指标是普通散户赚钱的必要条件，也是重要措施。本书所介绍的"周氏超赢期货系统"是我在20多年的操作经验中总结提炼而成的，成熟的盈利模式有21种。我将这么多年的经验分享给大家，希望通过学习，能够让大家走一条捷径，在此基础上直接学习提高，避免走很多弯路。

那么正常学习一套模式的时间需要多久呢？有些人是为这个市场而生的，稍微一点拨或者经过自学很快就能走向持续稳定的盈利。在我走向社会讲课4年的时间中，学得比较快的，有半年就已经走向平稳持续盈利的；有3个月就已经实现平稳盈利的；也有接触了几天就能够平稳盈利的。当然，也有很长时间才获得盈利的，还有怎么学都无法实现盈利的。要想用这套模式尽快做到盈利，首先需要做到两点：第一，养成一个良好的定力，什么叫定力？看不准不做，不在状态不做，横盘震荡不做，逆势不做。时刻对市场保持敬畏之心。尽量地过滤一些把握不准的情况，然后在该做的时候、该下手的时候立即下手。第二，学会复盘，不断统计总结，发现操作中的问题以及规律，总结出适合自己的盈利体系。

我曾在《奇记，奇迹》这本书中看到过一句这样的话，"人生有两条路：一条充满荆棘、寂寞、艰苦；另一条高楼大厦、皮裘锦纱，是理想的伊甸园"。我觉得这句话也适用于期货这个市场。在这个市场上，有人赚得盆满钵满，盈利几十倍、几百倍甚至更高的收益，创造了自己的金融帝国，堪称人生奇迹；但也有些人亏得一塌糊涂、倾家荡产，甚至赔上了性命。

根据大数据统计，在期货市场上，95%的人是亏损的，只有不到5%的人能够实现盈利。而对于散户来说，怎么才能成为不到5%盈利的人？期货市场门槛极低，然而对人的要求却极高，因此只有通过不断的学习，才能够逐步提高，实现盈利。

"周氏超赢期货系统"包括三大类：

第一，理论系统：波浪理论、镜像理论、箱体理论。

第二，操作系统：即操作策略。我是做程序化自动交易的，共计做了1000多个模型，有21套盈利模式。每个人根据自己的不同习惯，不同风格，总能找到适合自己的操作模式。适合自己的才是最好的，不要盲目地复制。

第三，软件系统：三套软件包含操作系统指标和策略，现在使用的是博易大师的系统，另外一个是股票软件。整套周氏超赢期货系统是我二十多年来所有经验的总结提炼，希望投资者可以把学习周氏超赢期货系统作为一个台阶，以此为起步点，开始走上长久、持续、稳定盈利的道路。

本书由我的弟子潘婉玲和助理倪建根据我几年来在全国各地的讲课、录像、录音及文字资料整理而成，并且经过我修改确定后出版的。本书有很多东西是无法用文字表达的，如软件部分和指标代码，特别是程序化自动交易模型等无法详细写入书中，还有在交易过程中的"应势"能力都很难用文字表达，不足部分请读者见谅。

周耀华
2020.8.18

第一章 理论基础

理论是对自然、社会现象，按照已知的知识或者认知，经由一般化与演绎推理等方法，进行合乎逻辑的推论性总结。没有理论指导的实践是盲目的实践。在金融市场上，没有正确理论基础的操作技术只能是雕虫小技，偶尔能赚钱，但不能保证长久获利。

一个高明的投资者，在长期的交易实践中，在对前人交易理论和交易智慧的学习中，在痛苦的摸索过程中，随着对市场和交易本质理解的深入、有效交易策略的形成和人生境界的提高，往往会形成一套成功的交易理论。

周氏超赢期货系统将老子的"大道至简"、庄子的"涂却守神，以物为量"、王阳明的"知行合一"、孙子的"取势之道"等中国传统智慧与经典的道氏理论、江恩四方形理论、波浪理论等相结合，创造出逻辑清晰的、对实战具有强大指导意义的理论体系。

本章中，重点介绍周氏超赢期货系统三大理论体系：三波理论、镜像理论、箱体理论。

第一节
趋势行情与震荡行情

理论方面，第一部分讲行情的发展趋势，不管你做什么模式，这都是核心与基础。正如图1-1所示，行情主要有趋势行情和震荡行情两种。如果你要长期在这个市场中生存，必须要学好基本理论，就像是小学的拼音字母和语文基础题，打好基础是关键。只有我们对各种现象都说得清楚，在操作上才能做到主动操盘。

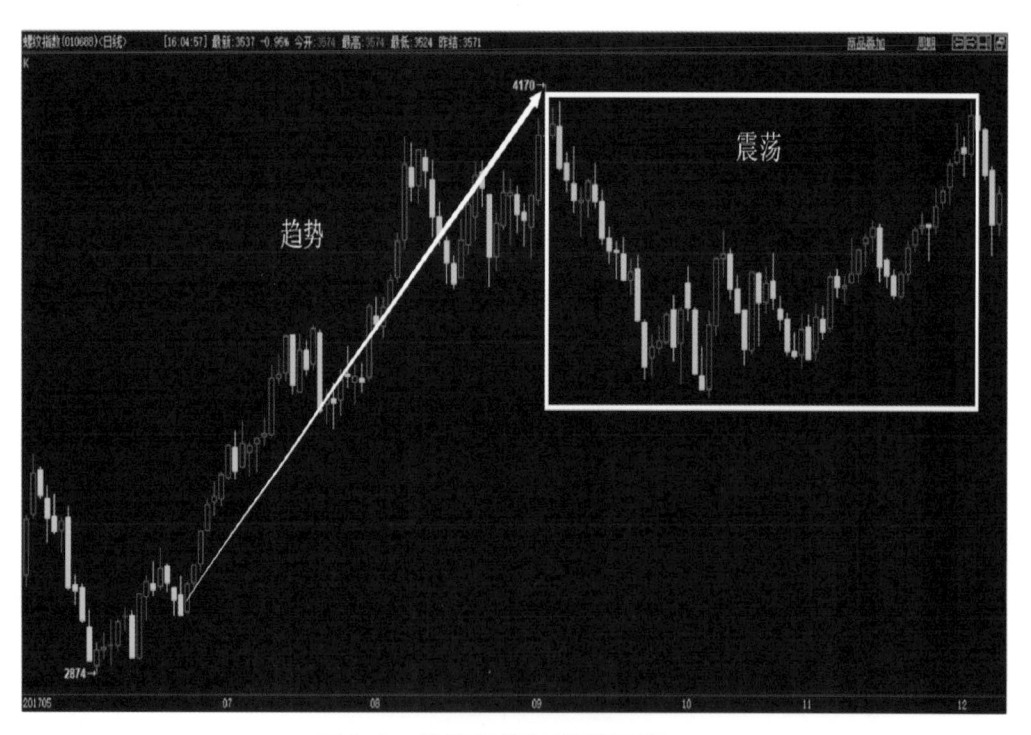

图1-1 趋势行情与震荡行情

首先，关于期货市场应该怎么去做，我提出了四个问题，从这四个问题着手，理清期货盘面的操作思路。这四个问题就是：期货赚钱的密码是什么？期货赔钱的原因是什么？期货赚钱的诀窍是什么？期货如何保证资金安全？

带着对这四个问题的思考，我们进行理论的分析总结。

研究行情最主要的是研究趋势。我们把行情分为两种：第一种是趋势行情，又叫单边趋势行情，相对容易操作；第二种是震荡行情，即横盘行情，相对较难把握。在整个行情中，震荡行情占70%，趋势行情占30%，因此要分辨清楚，不同行情用不同策略。研究行情的前提是要判断行情当前处于震荡行情或是趋势行情。

在本章中，我们重点介绍周氏超赢期货系统三大理论体系，分别为：三波理论、镜像理论、箱体理论。这三套理论可以操作不同的行情。趋势行情，即单边势中，我们用三波理论把控较为容易。简要来说，在趋势行情中，行情最多走三波，不会有第四波，因此数清楚三波再操作相对会比较简单。震荡行情，即在横盘震荡中，80%走势符合镜像理论，实际操作中用镜像理论作为主要判断工具。而箱体理论，无论在趋势行情中或者震荡行情中，都有实际可操作性，在判断趋势行情的幅度、震荡行情的走势中，均有实际的可操作性。因此在本章中，我们将一一介绍三波理论、镜像理论、箱体理论。

第二节
趋势操作——三波理论

我们说行情有两种，一种是震荡行情，一种是趋势行情，即单边势。现在我们来说怎么分析趋势行情。在周氏超赢期货系统中，分析趋势就是用三波理论。三波理论是一个什么概念？它来自波浪理论，五浪八段大家都知道，但是波浪理论是最难学的，可谓是千人千浪。而三波理论是我通过精炼简化，同时将理论落地到可量化、可操作的一套应用型理论。

一、单边势的规律性

首先我们讲单边势，单边势分为单边上涨和单边下跌。期货市场是多头与空头的对决，单边上涨操作方法弄清楚了，单边下跌也是一样的做法。

图1-2是单边行情所呈现的规律，这个规律是我多年经验统计总结下来的。在过去的统计里，这个规律在趋势行情中发生的概率在75%以上，于是我把统计的结果整理成一个基于大概率统计的、将理论落地的、量化可操作的体系。

我们先来看单边势的规律。图1-2中显示的是单边上涨行情，图1-3呈现的是单边下跌行情，我们将每一段上涨或下跌看成一波，每一段都是一个平台，主要上涨/下跌波我们叫主升浪/跌浪。以主升浪为例，每一段主升浪之后都有一段回调，第一段回调浪称为主升浪的A浪，A浪回调完后有第二段小升浪，我们称为主升浪的B浪，B浪之后的再次回调，我们称为C浪。三波理论强调，每一波主升浪、主跌浪都会有ABC三浪的调整，每一个趋势行情都最多走三波，不会出现第四波。有时候在当前周期里，三波走得并不规范，ABC三浪的判断可能相对没有把握，这个时候可以放大一个周期或缩小一个周期去看，当前周期看不清楚的不要硬套，换一个周期判断。

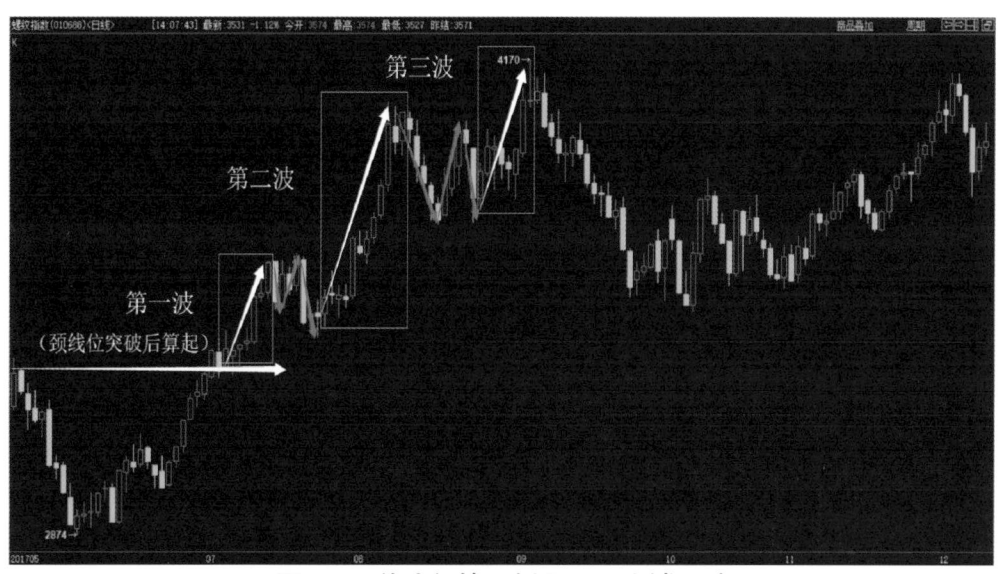

图1-2 单边行情示例图——上涨三波

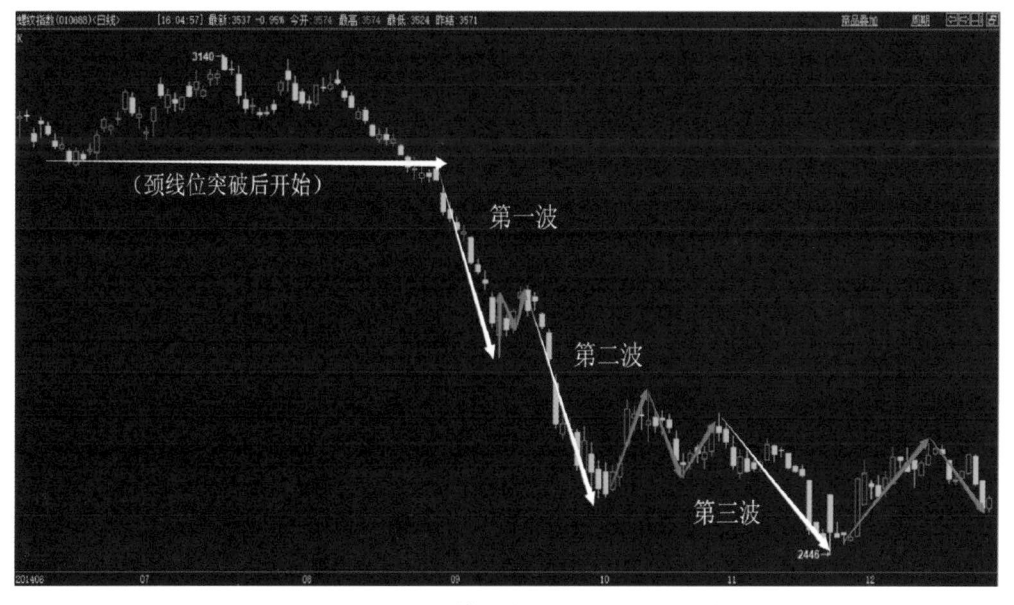

图1-3 单边行情示例图——下跌三波

二、三波理论的空间判断

仅仅有三波标准是不够的,落到实际操作上还是会出现问题的。在周氏超赢期货系统整个理论体系中,强调的是量、价、时、空。

量就是成交量、攻击量、持仓量、比量、量比。

价即K线价格、价位、价值。

时是时间、周期。

空是价格空间、价值空间、波幅。

量价关系的具体分析见表1-1。

表1-1 量价技术分析

	成交量	持仓量	价格	原因	结果
1	增加	增加	上涨	开仓做多的人比较多,引发持仓量的增加;大量的买入行为,引发成交量增加,结果就是价格的上涨	价格继续上涨
2	下降	下降	上涨	交投不够活跃,持仓量下降,这是由于平仓引发的减仓行为,同时价格上涨,是由于空头的止损行为引发	价格不久会开始反转
3	增加	下降	上涨	成交量增加说明交投非常活跃,但持仓量下降,表明有主动减仓行为,价格的上涨是严重套牢的空头不计成本的平仓引发,这样的上涨一旦停止,价格立刻会掉头向下	价格会马上下跌
4	增加	增加	下降	成交量增加说明了交投的活跃,持仓量的增加说明大量空头主动卖出,此时价格下跌	价格继续下跌
5	下降	下降	下降	成交量下降,说明交投不够活跃,持仓量下降说明了此时有人主动减仓出局	价格继续下跌
6	增加	下降	下降	成交量增加说明交投的活跃,此时持仓量下降,说明有人主动平仓,下跌的价格说明空头在获利了结	价格震荡或反转

在三波理论应用到实际操作中,只有量价配合、时间空间上有规范动作时,才具有可操作性。

我们先从空间上来总结三波理论的规律。图1-4中,我们把第一波上涨的幅度画出来,然后在幅度上画出三条线。首先,我们画出这个幅度的一半位置,称为这段主升浪的二一位;然后我们再将主升浪三等分划出两条线,称为三一位、三二位，靠近主升浪终点的为三一位，靠近主升浪起点的为三二位。

图1-5中，我们把第一波下跌的幅度画出来，然后在幅度上画出三条线。首先，我们画出这个幅度的一半位置，称为这段主跌浪的二一位；然后我们再将主跌浪三等分划出两条线，称为三一位、三二位，靠近主跌浪终点的为三一位，靠近主跌浪起点的为三二位。

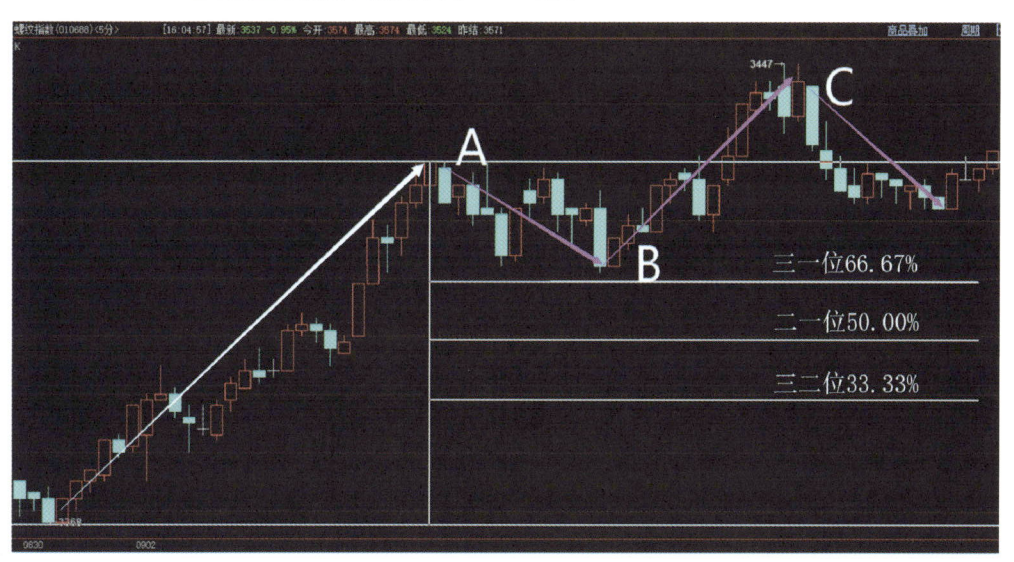

图1-4　上涨行情：ABC浪与三一位、二一位、三二位

图1-5　下跌行情：ABC浪与三一位、二一位、三二位

在我过去的统计里，三一位、二一位、三二位决定了主跌/升浪的趋势会不会延续，具体表现：ABC调整浪最高幅度不超过三一位的，趋势为超强势；调整破三一位不超过二一位的，为震荡势；调整破三二位的，看镜像，趋势从哪儿开始，则回到哪儿去。这个结论非常重要，是单边势是否延续的一个核心的、量化后可判断的标准。

如果第一波主跌浪走完，调整浪不超过三一位，按上面的结论属于超强势，大概率出现第二波，第二波走多大的幅度呢？这个我们也有量化的总结。根据过去统计的经验，第二波主跌浪的幅度通常是第一波的1.38~1.62倍，第三波的幅度通常与第一波等长。假设第一波跌了100个点，且调整浪符合超强势的标准，则第二波跌幅有可能在138~162个点左右，第三波下跌的幅度一般与第一波相等，在100个点左右。三波下跌之后，不会有第四波。

三一位是超强势，二一位是震荡势，三二位是走镜像，这个是要死记的，每天都面临的。如果我们对趋势有了这种量化标准，那么在操作上就会做到心中有数，K线走到什么地方就按对应位置来对待。当然，放到不同的周期上可能在表现方式上有所差异，调整浪的形态也有所差别，但是原理就是这个原理，掌握原理是非常重要的。

艾略特波浪理论认为一个完整的循环包括八个波浪，即五个上升浪和三个下跌浪。这八个波浪可以看作为高一级浪的一个部分，每个部分亦可以再分割为低一级的八个小浪。

三波理论将一个趋势分为三波，同样认为三波作为一个整体，可以是大的三波里的一波；三波里的一波也可以再分为三波，即大三波里有小三波，如图1-6所示。

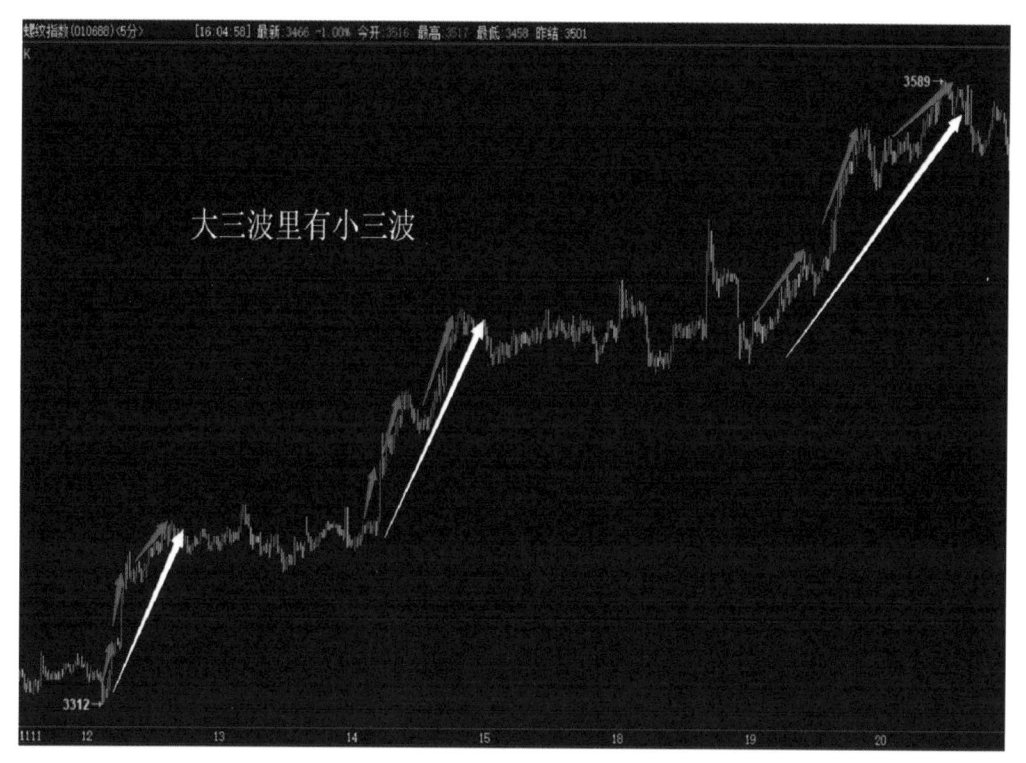

图1-6　大三波嵌小三波

三、小结与案例

综上所述，三波理论同样也是建立在量、价、时、空上的一个规律总结，强调在规定的时间内完成规定的动作。掌握了上述理论，分析有了依据，才能做到主动操盘。除此之外，三波理论在各个周期中均可运用，甚至在分时图上也可类似使用。而周氏超赢期货系统强调一点，操盘上要做到大格局，在大周期上对趋势有所判断之后，再在小周期里操作，这样胜算更大，同时避免了逆势操作等赔钱原因，做到稳定盈利。而对于大周期的趋势判断，同样可以使用三波理论的空间与时间关系，判断当前处于主升浪或者主跌浪，或者处于调整浪，调整到什么位置，对应的趋势是什么；调整了多长时间，有可能的变盘节点在哪里。

第三节
震荡操作——镜像理论

我们说行情有两种，一个是单边势，一个是震荡势。单边势在实际行情中只占30%左右，在整个盘面当中有70%都是震荡势。如果我们是一个纯趋势操作者的话，震荡势是很难操作的。而我们周氏超赢期货系统之所以说超赢，就是因为在这70%震荡势中也能够赚钱。前面我们说短周期操作能比60分钟以上周期操作收益多出五到八倍，大家就能理解了，就是能掌握70%的震荡势的操作技巧，长短结合，单边势和震荡势通吃。前面我们讲的三波理论适用于单边势，那么震荡势我们用什么操作方法呢？在周氏超赢期货系统中，震荡势用镜像理论操作，下面详细介绍镜像理论。

一、镜像理论的提出

"镜像"是对称图形，分左半部分和右半部分，正反构成的一个完整的对称图形，如图1-7所示。像是照镜子，同一个人在镜中形成反向影像，称为镜像。

镜像理论在推出时，人们认为它是"玄学"，随着在实际操盘中的广泛应用，证实它的确是一种简单、普遍、具有预测性和实用性的方法。其实，只要你用心观察思考，就能发现镜像理论及方法被广泛应用在实际操作中。如：双头、双底、头肩顶，在走出左边时，就可预判右边的走势。又如：圆弧底，当走出左半边时，就可按左边图形做右边。当头尖顶的头部走出来时，就可预判右肩的走势、幅度和周期。镜像在K线图中，无论周期大小、时间长短都无处不在。大大小小的镜像，都是我们可参考的操盘依据。熟悉这项技术，灵活用好它，会对我们的操作分析、预判趋势、主动性操盘有很大的帮助和指导意义。当然，任何技术理论都不是十全十美的，也没有绝对的。所以，我们在实际应用中，要客观应对，灵活应用，提高它的实效性。

图1-7 镜像生活图

图1-8是一组K线对称图，我们看这组K线图，无论是上涨还是下跌，全部都是一个一个的镜像。当然，镜像不可能是完全一致的，非要K线严丝合缝的点对点、线对线才叫镜像，这是不现实的。但是我们强调的是镜像的左边和右边的时间、空间非常接近，基本上对称，我们把这种对称认为就是一个镜像。镜像理论看上去像是"玄学"，其实它是有理论依据的。

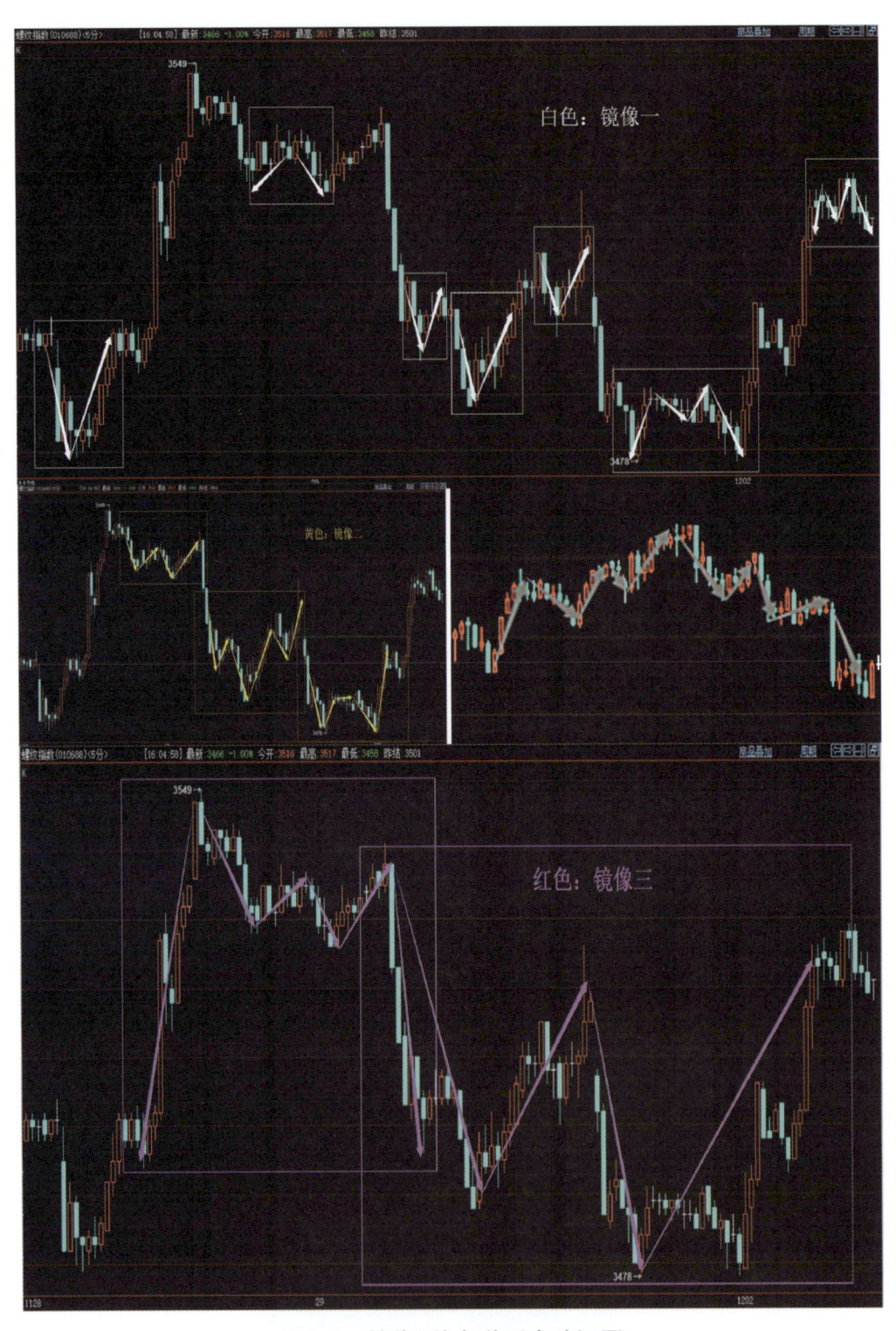

图1-8 镜像K线各种形态验证图

在2016年8月，"量子纠缠理论"是期货和股票市场一个最时髦的词儿。当时我在浙江一个行业大佬的公司，听到大家都在讲这个词。当时，我们国家量子通讯卫星刚刚发射。当我跟他们团队交流纠缠理论的基本原理时，他们解释说，这个量子力学里面，在两个极小的单位之间，它有一种纠缠的图形或者是一个行为方式，不管是多远它都会在另外一个地方形成相同的方式，结果反应出来就像双胞胎的心灵感应。当时我想，这个理论如果能在市场上得到验证并且掌握它，那我就可以做一个类似黄历的K线形态记录，遇到做不了的或者看不懂的行情，翻开日历看看，曾经什么时候出现过和现在这个图形是一致的走势，用这个理论去推导。

于是我把上证指数20年的整个走势做了一个统计，发现了23对空间走势一样的镜像结构，当时我欣喜若狂，说明这个理论有值得再深入研究的价值。接着，我从时间性方面找有没有同样时间下同样有这种规律性的，找来找去只找出了3对，这概率太小了。因此，在时间性上，我暂时停止跟踪。但是，经过这一次的统计发现，在这20年的走势中有许多图形非常对称的镜像，占总交易时间能够达到80%。于是在2016年12月，我提出了镜像理论，当时有些人说那只是个玄学。什么是玄学？就是这个理论不一定能实际应用，真正K线走势上符合镜像对称的比比皆是，但是要想真正落地到操作上就会有问题。

镜像在盘面上无处不在。我随便截几幅图，左边和右边几乎对称，并且大镜像中有小镜像，环环相扣。我们常说的倒V字形、头肩顶、M形等，都是镜像。因此就镜像理论来说，它对我们实际操作具有很好的指导意义。比如头肩顶，根据头肩顶形态，我完全可以看着左边做右边，包括它的时间周期、幅度都很类似。

二、时间与空间的应用

作为一个研究者，既然镜像现象这么多，能不能挖掘一下它的操作潜力？我认为这个现象肯定有它的规律性。如果我们找到了它的规律性进而应用它，再去把握趋势，就会变得相对容易、简单。于是我从量化的角度进行分析和测量，最后找到了它的规律，有了可操作性。经过3年多时间的实战应用，我认为它不仅仅是一个盘面图形的形态学，同时它也是一个结构学。为什么这样讲呢？类似三波理论，每一波大浪里面嵌小浪，大浪由小浪嵌套组成。镜像也一样，大镜像里有小镜像，小镜像经过层层叠加，最终组成了大镜像。

在震荡行情中，镜像无处不在。震荡本身意味着行情走上去又返回来，跌下去又涨回来，这种走势本身就是镜像。在趋势行情里，如果我们也能运用镜像，那么镜像的实际操作性将得到大大提升。因此，我尝试把三波理论与镜像理论结合运用，看是否可行，有没有规律，最后发现完全可以，而且效果很好！如果学好镜像理论和三波理论，即使我们暂时还不能区分单边势和震荡势，也照样能操作。因此，我把镜像理论同时也定为周氏超赢期货系统理论中对趋势分析的辅助方法之一。

为了将镜像理论更好地应用到实际操作中，我们将对时间和空间做一个分析，再结合四方形理论进行辅助画线。在这里，四方形理论先不展开，它是期市三大理论之一——江恩理论中的内容。

我们对照图1-9来看，走完左边，我们画一个四方形，横向是时间，纵向是幅度，在规定时间内应该走规定幅度。但是我们知道，市场并不总是完全符合规律的，因此实际走势就出现了两种方式：①时间换空间；②空间换时间。我们前面说了，时间与空间一定要完全对称是不现实的，因此我们更多考虑的是时间和空间的关系。

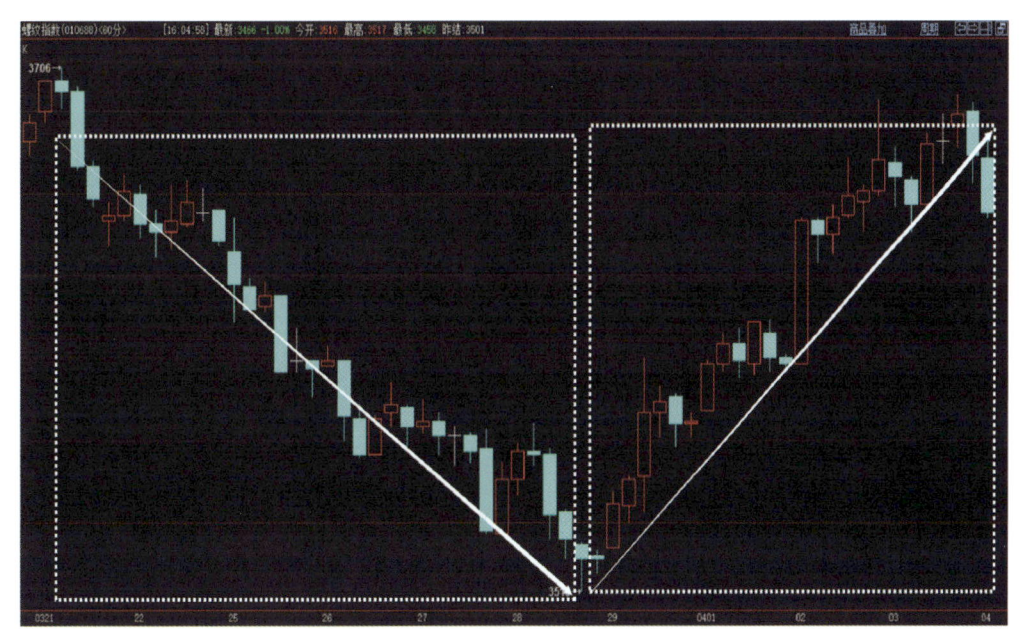

图1-9 镜像理论与四方形结合图

我们先看第一种方式，时间换空间。图1-10中方框内的两边走势，参照左边，右边走势对应时间内没有到达该有的幅度，因此之后出现急跌一步到位，此时我们称为时间换空间。

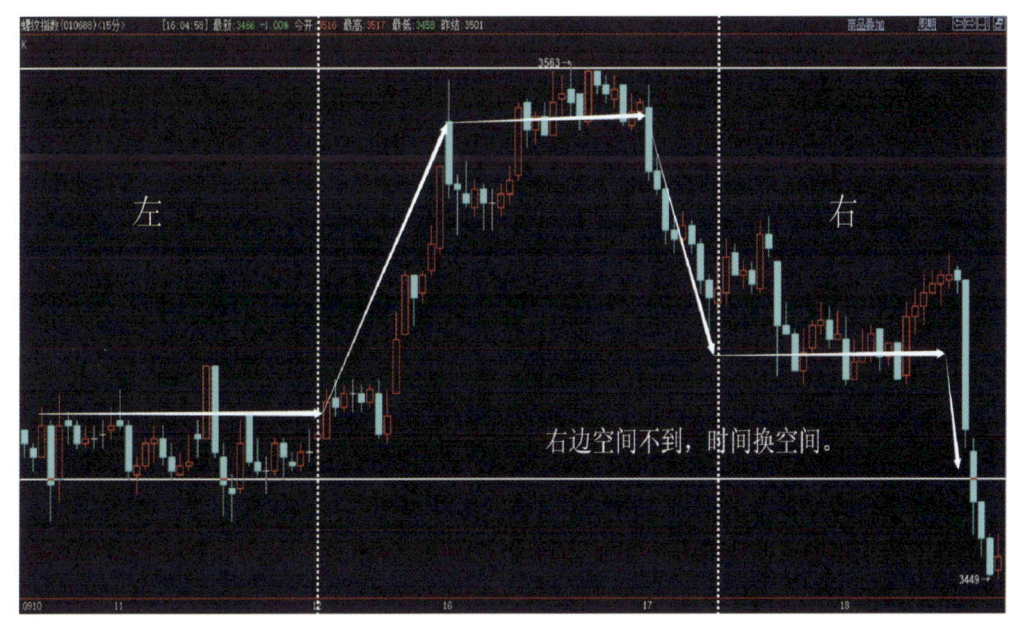

图1-10 时间换空间图

再来看第二种方式，空间换时间。图1-11方框内的两边走势，参照左边，右边走势对应时间内幅度已经超过对应左边该到的位置，因此之后的时间里幅度变化较小，处于小幅横向走势，此时我们称为空间换时间。

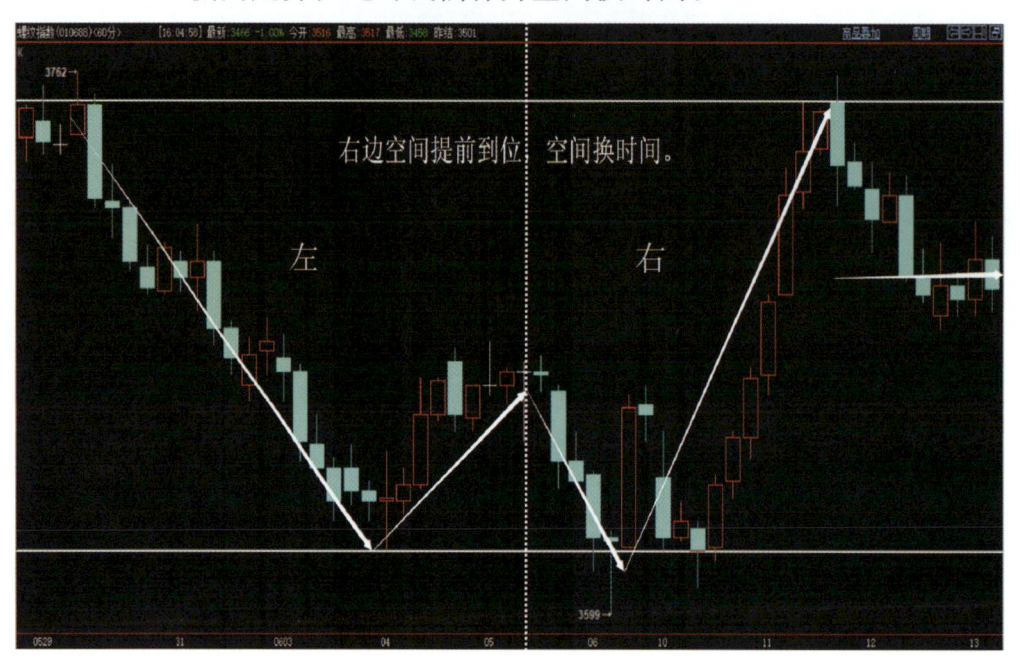

图1-11 空间换时间图

无论时间换空间还是空间换时间，都是结合四方形理论的一种镜像实现。基于这种情况，对一定时间和空间内的走势要有一个前瞻性，也就是说，当趋势还没走出来的时候，你就能够预判趋势应该怎么走，有了这种判断才能主动操盘。而我们绝大多数投资者的操作，都是一种被动操盘，心里没有底，容易被一两根K线价格带着走。因此，这种对趋势或者说对行情的前瞻非常重要。每天在盘中，我都是做提前的分析。每天上午十点钟，对上证指数是收阴还是收阳、全天的成交量能够到多少，都会在我的学员群里做一个预测，这种预测准确率能够达到75%，其实就是运用了这个原理。并且在上午10点，我也会对上证指数一天的分时走势图做一个预判，画一个走势图出来，收盘以后对照实际盘中走势，经常差别比较小。我把上证指数未来六年的走势图都已经画出来了，包括时间节点和价位。从2016年6月一直到现在，已经验证了四年多，基本上都能够对得上。如果你能够做到这一点，那么你在操作中就会有更多的把握。

镜像理论，用于趋势分析和日常交易，简单、方便、概率大和量化定位，预测未来走势，从"量、价、时、空"方面有较为准确的定位，可在任何期货品种、股票、美元、外盘和任意周期普遍适用。在实盘交易中，准确率可达70%。镜像理论，常应用于趋势的顶部和底部，根据形态图形，行情只要走完左边的图形，就可预测出右边的走势和图形、周期及目标点位，从图1-12就可以看出一波大涨之后顶部的横盘震荡镜像。镜像理论，在使用中应注意，左边图形走得越规矩、越清晰，右边图形就越有把握走出与左边对称的反向图形。在顶部和底部，准确率更高。镜像有大有小，越小应用越多，尤其在日内和较小周期的趋势中，随处可见。

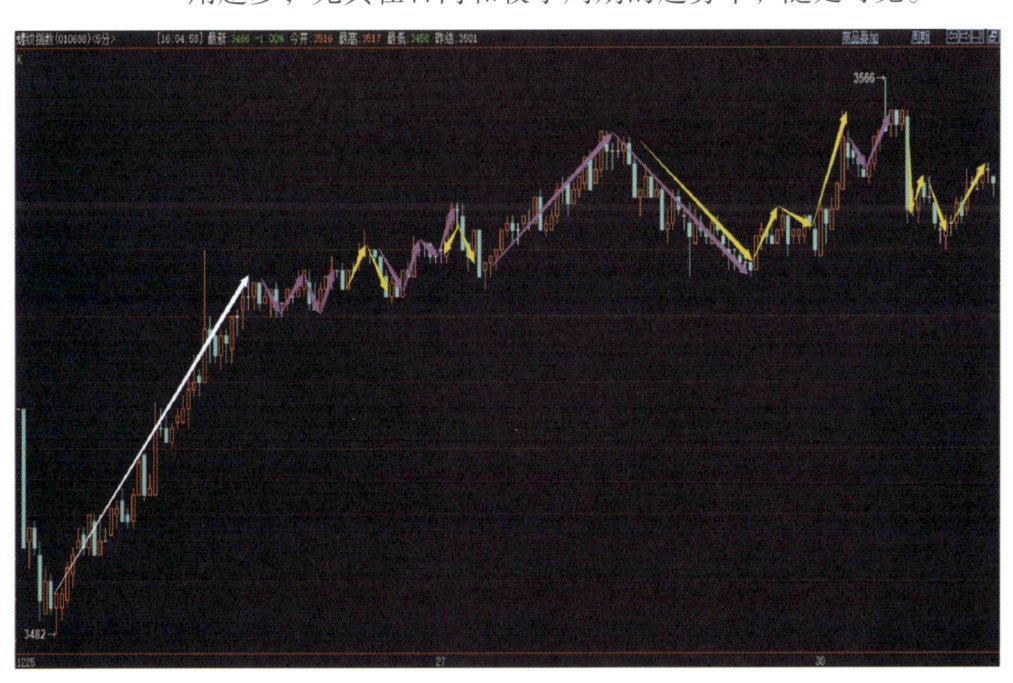

图1-12 一波大涨之后的横盘震荡镜像

镜像是形态学+结构学,包括了三波理论,是周氏超赢期货系统理论趋势分析的一个方法。镜像不是线对线,点对点的,主要看是否相似。如图1-13所示,横盘镜像的概率占80%,一般是看左边,做右边。镜像的变异揭示了趋势的形态,镜像一波下跌或上涨之后向上或向下走,破了1/3位的时候走小镜像,小镜像的位置可以走到2/3位,详见图1-14所示。小镜像延续走大镜像,大镜像走完走全镜像。如果没有破1/3位,会创前高。右面高于左面,强势;右面低于左面,弱势。

什么情况下会走镜像:①顶和底的调整时间1.5倍内没有B浪;②穿越1/3位;③单边势完结;④箱体顶底。

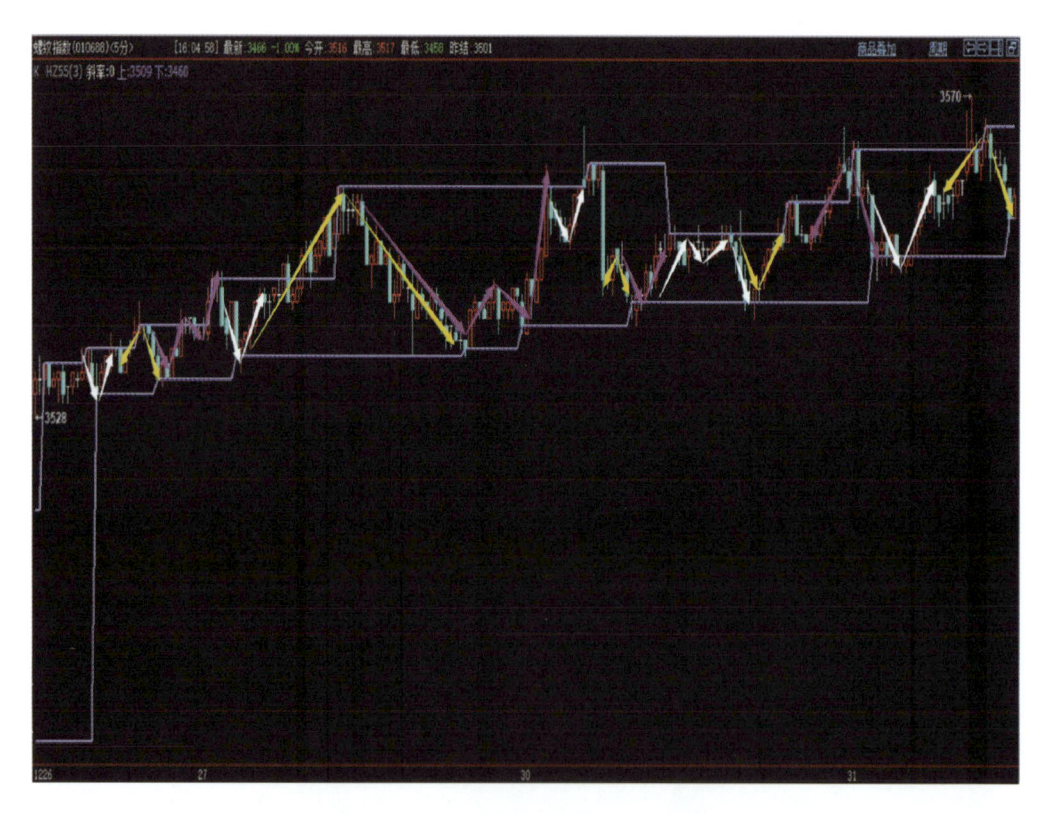

图1-13 横盘震荡中的大小镜像

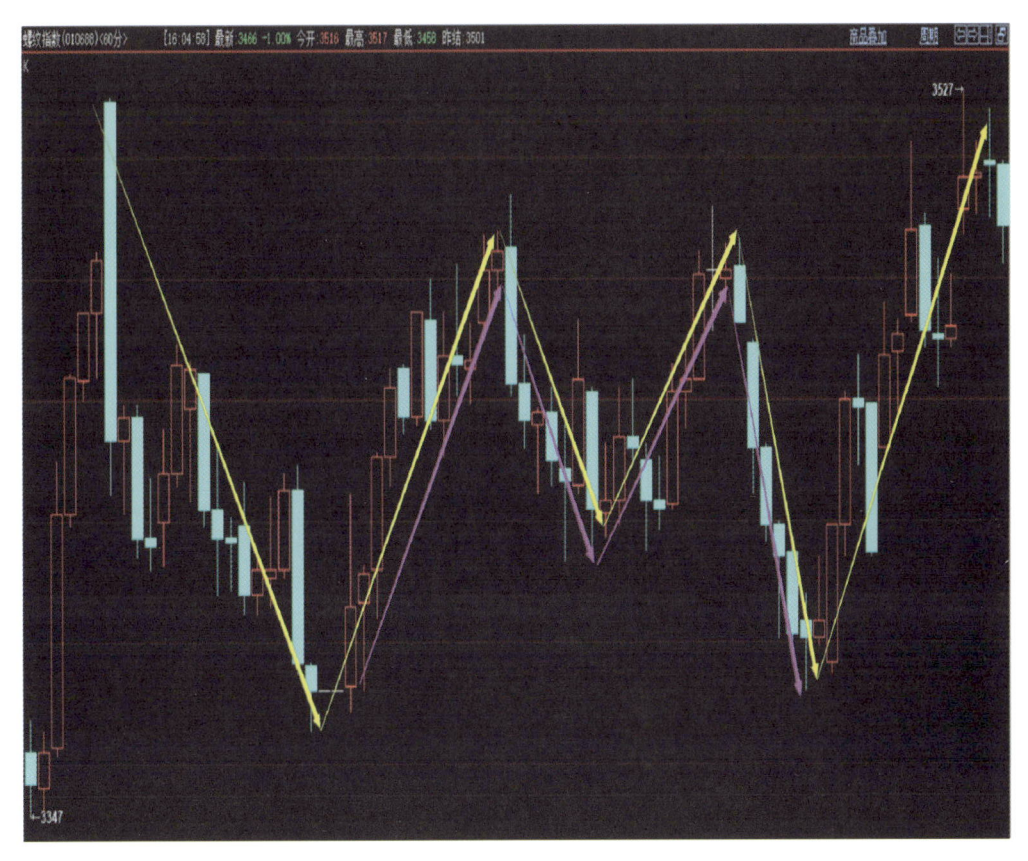

图1-14 上涨下跌趋势中的镜像

第四节
箱体理论

一、基本原则

现在我们讲周氏超赢期货系统中最后一个理论基础——箱体理论。箱体理论的发展主要来自江恩理论，横有多长，竖有多高，是时间和空间的关系。箱体理论可以贯穿于所有行情。箱体是一个通道，是人为把握的。箱体操作是最安全的，低点做多，高点做空或金叉做多，死叉做空。当箱体突破之后，会向上或向下翻一倍。如果不突破，上箱体线就是压力，下箱体线就是支撑。如果没有量能，就会反转。量超过前期量，才可以突破。真突破需量价共振，假突破则价格创新高/新低，但量能没有创新高/新低。在宽箱体中，绝大多数走镜像，会哪来到哪去。而在周氏超赢期货系统的运用里，突破箱体后的翻箱是最基本的运用。

如图1-15和图1-16所示的横盘震荡，相应高低点形成箱体区间，一旦有突破，目标位为箱体一倍处，这是最基本的箱体的运用。

二、实际应用

在箱体的实际应用中，根据实际行情不同、成交量等影响因素不同，箱体的突破走势略有不同。在单边行情中，由于强趋势作用，一段趋势突破箱体后的目标位会翻两个箱体，如图1-17、图1-18。

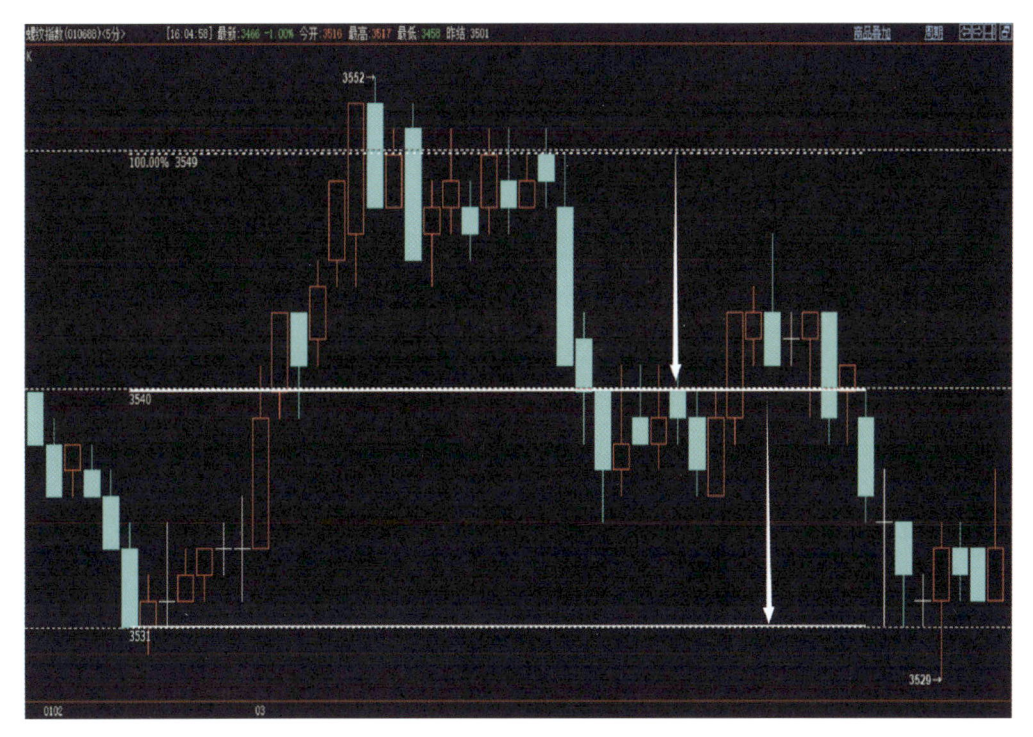

图1-15　箱体图1

图1-16　箱体图2

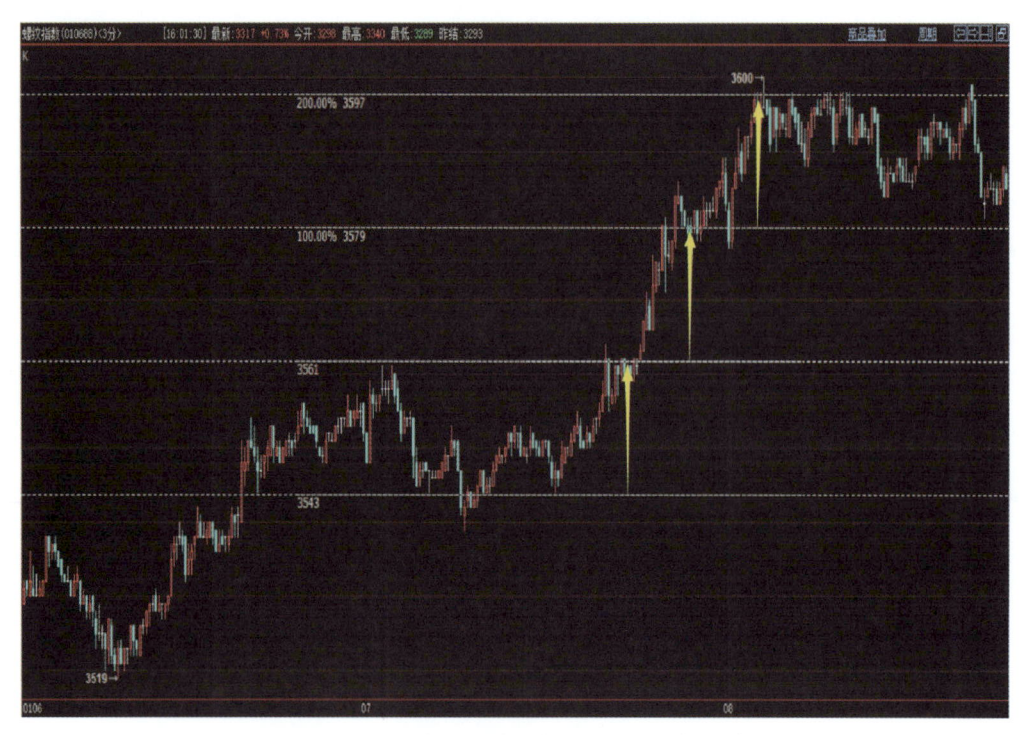

图1-17 趋势中翻两个箱体：上涨行情

图1-18 趋势中翻两个箱体：下跌行情

第一章 理论基础

在箱体理论中，箱体有宽有窄，大箱体里有小箱体，小箱体中有子箱体。在划分上，根据实际走势，可以用一般切分，也可以用黄金分割法。但是箱体的划分并不提倡无限细分。在划分的把握上，应对当前行情的走势有大格局上的基本判断，否则在一段大的趋势行情中，无限细分箱体会使得一段完整的行情被切分成无限的小段，在操作上容易产生不必要的损耗。一般情况下，K线在一个箱体中震荡的时间越长，一旦突破，力度越大，突破力度与实际成交量有关，如果力度不到位，则可能会回到上一个箱体中，也可能震荡形成新的箱体（图1-19）。

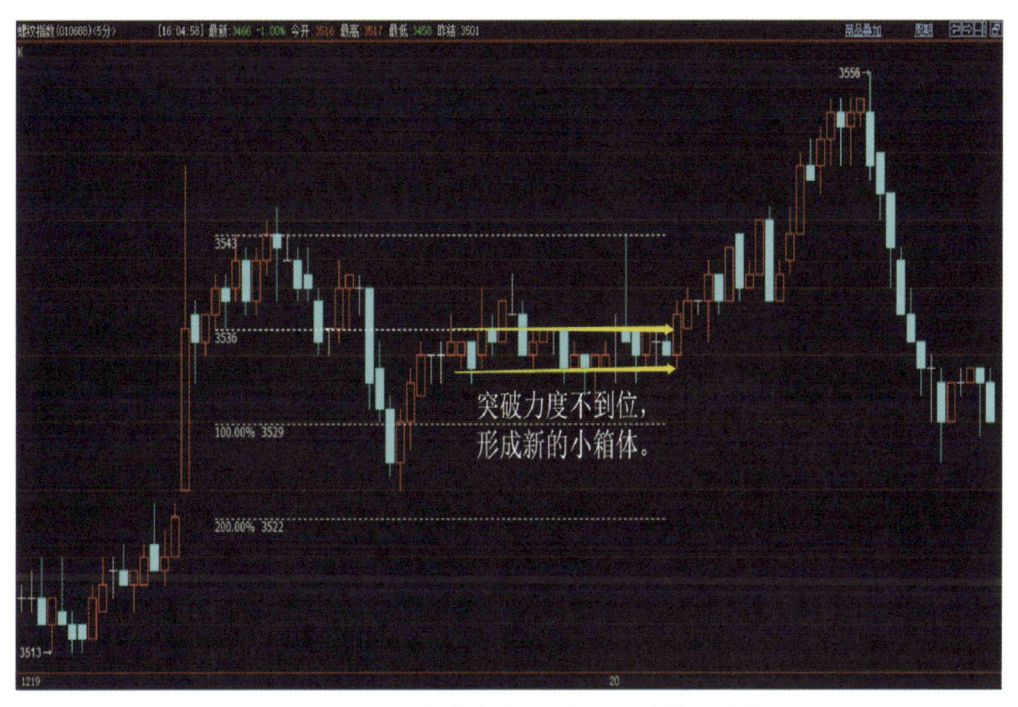

图1-19 突破力度不到位，形成新箱体

那么如何把握箱体的区间范围，即确定箱体的顶部与底部？顶部和底部的确定相对技术要求会高一些，且直接决定目标位判断是否准确。箱体高低点的判断涉及高低点连线的有效性，一般三点重合的连线视为有效，重合点越多有效性越强。为了方便箱体高底点的确定,在周氏超赢期货系统中设置了一个辅助指标HZ55,跟踪目前K线运行中的箱体,根据K线走势,有新箱体形成则实时更新(图1-20)。

图1-20　HZ55指标示例图

三、四次法则

在箱体应用中,K线突破并不总是有效的。如何判断突破的有效性?我们用四次法则来做辅助判断。K线在箱体中震荡,每碰到或接近箱体的上轨/下轨则记为四次法则中的一次。四次法则的基本原则为,在每次靠近箱体上/下轨时符合规律:第一次最强;第二次次强;第三次最弱;第四次突破。其中第二次如果突破有可能是真突破,第三次如果突破大概率上为假突破,第四次如果向上突破失败则大概率上有大跌,如果向下突破失败则大概率上有大涨,我们简称为,"上涨之前要挖坑,下跌之前要拉升"。这是四次法则的应用上特别需注意的几点(图1-21、图1-22)。

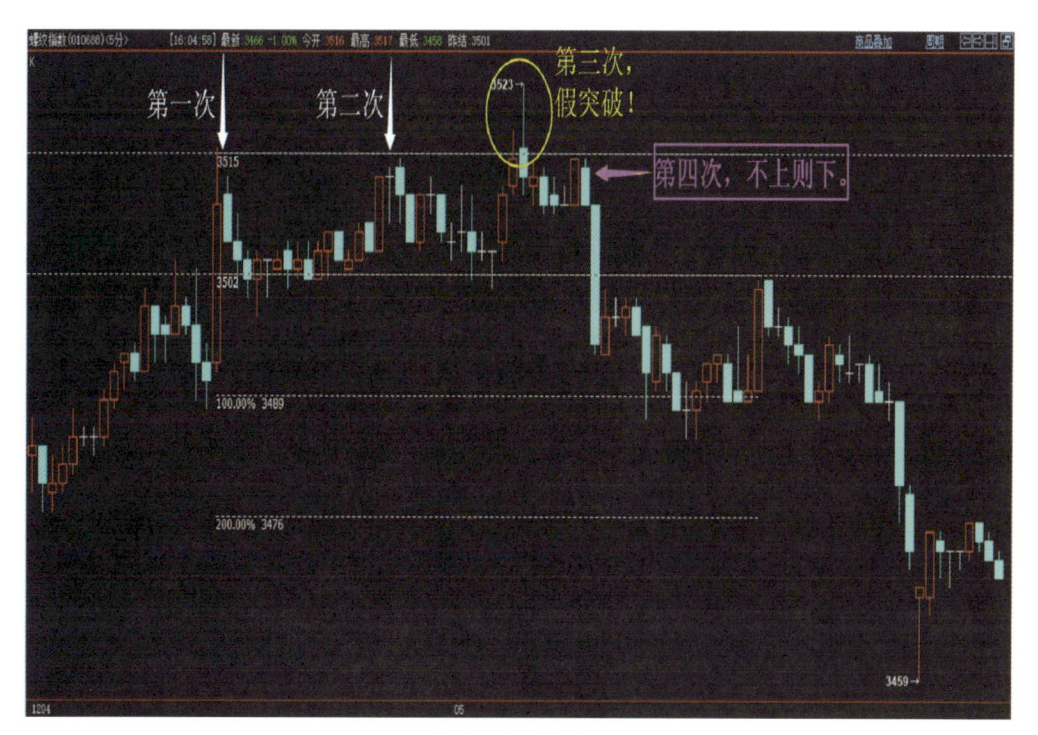

图1-21 四次法则：箱体区间上轨四次

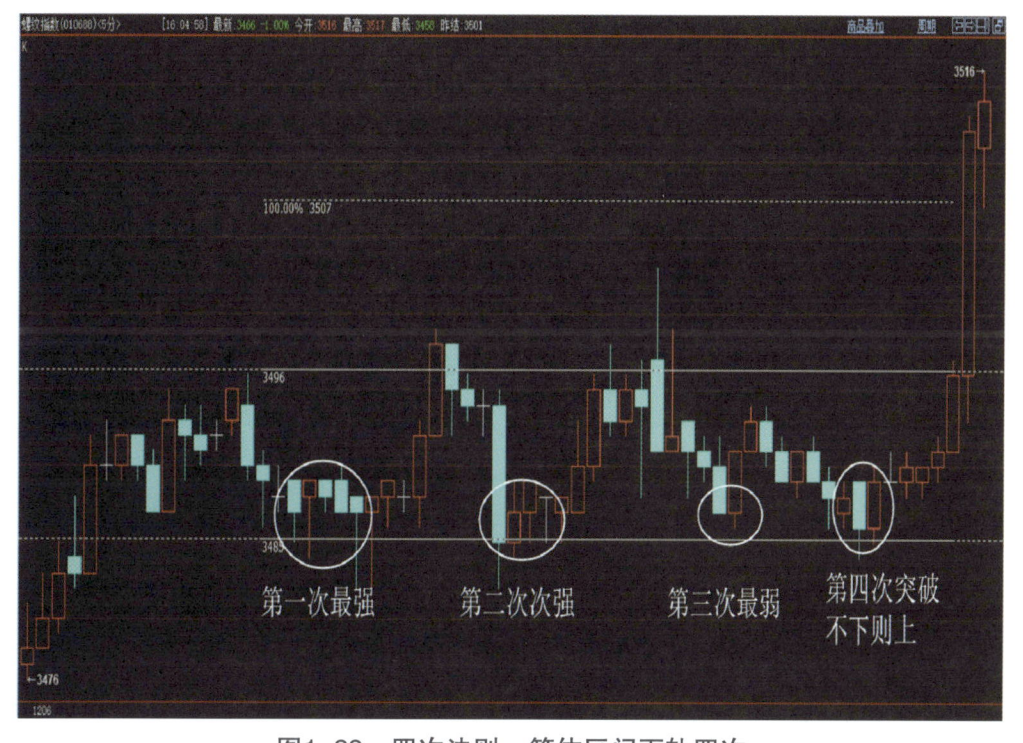

图1-22 四次法则：箱体区间下轨四次

第二章 应用技巧

没有具体实施方法的理论只是一堆枯燥的文字，理论要发挥作用必须有根据理论推导出来的具体实施原则、方法，这样就会减少投资者在实际操作中的错误，增加投资者的投资信心。

期货交易既有艺术性，也有科学性，但艺术性只能在很小的空间里，把无法逻辑推理和无法量化的艺术性总结为逻辑性强、可以量化的操作方法和技巧是周氏超赢期货系统交易哲学理念上清晰和实战可操作性强的表现。

周氏超赢期货系统的核心技术是量、价、时、空。量：成交量、攻击量、持仓量、比量；价：价格、价位、价值；时：时间、周期；空：价格空间、价值空间、波幅。其应用技巧包括布林线、调整中的 ABC 三浪、零轴线、分时图等。

第一节
布林轨技巧

首先，我们讲布林轨的技巧。

图2-1是一个纯粹的布林轨，由上轨、中轨、下轨三条线组成。周氏超赢期货系统中的布林轨是经过特殊处理、设置不同参数，并按一定加权平均计算出来的结果，与其他软件当中的布林轨不同，这是本系统的特点之一，周氏布林轨按自有的规则去操作。那么这个规则是什么呢？

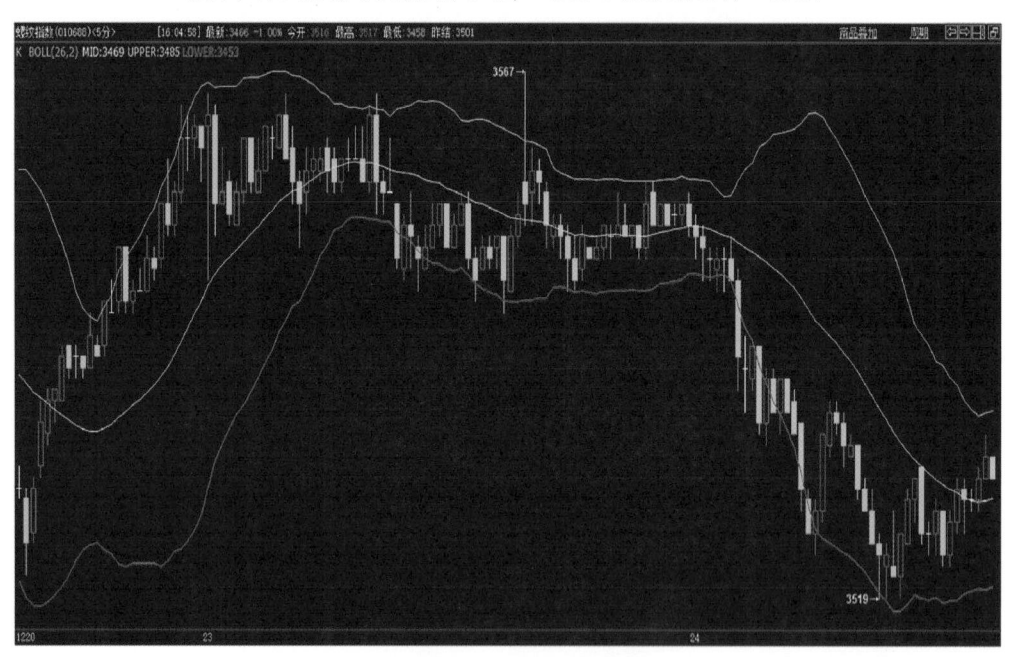

图2-1 布林轨道图

首先，布林轨这三条线的参数不一样。另外我新加了一个特点是使它变色，即当价格重心发生上移或者下移，布林轨的轨道就会变色。价格重心上移，中轨变成红色，上轨变黄色，下轨变蓝色；价格重心下移，中轨变绿色，上轨变蓝色，下轨变黄色。在所有周氏超赢期货系统软件当中，唯一不同的是HZ88[①]里操盘线是三种颜色，因为操盘线变化特别快，有些地方一下子会出现拿捏不准的情况，所以我加了一个过渡色，表明此时建议观望（图2-2）。

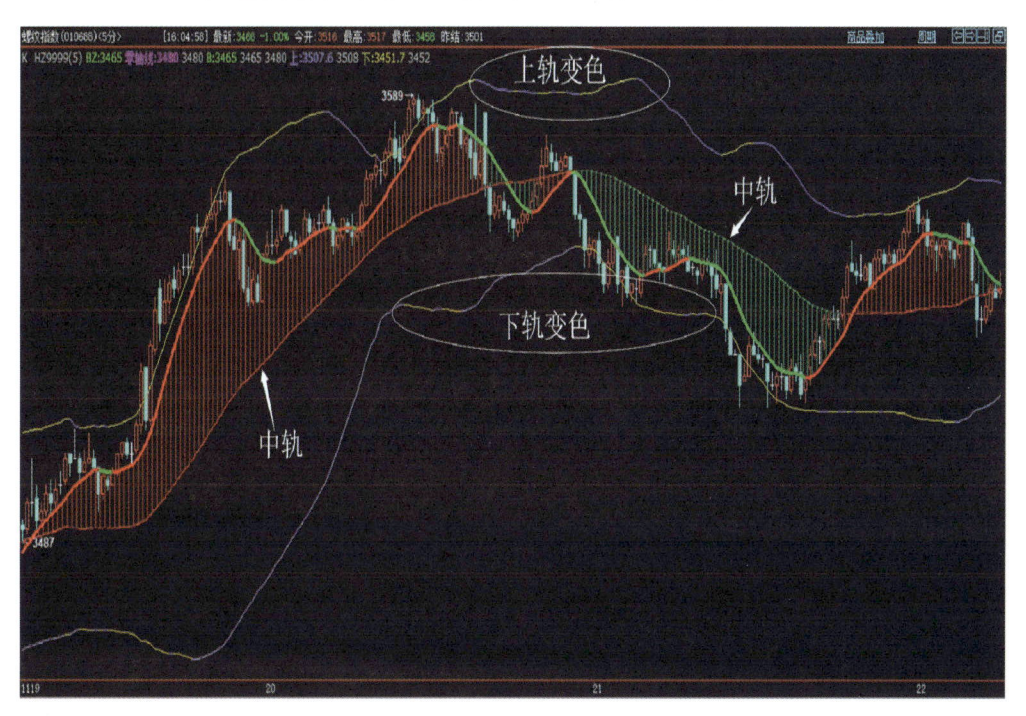

图2-2　周氏超赢期货系统布林轨道图

除变色外，布林轨有开口、收口，不像其他参考线一个平台一个平台地突破。布林轨是怎么做出来的呢？我们首先确定中轨参数，然后根据波动率乘以一个正负系数，因此布林轨永远不会重叠交叉。布林轨的特点是什么呢？一会儿开口、一会儿收口，这是为什么呢？就是成交量的大小影响了波动率。波动率大，布林轨开口；波动率小，布林轨收口。我们根据这个原理，开口说明波动率大，成交量大，预示着可能有行情或趋势行情来了；收口就说明此处成交量萎缩，没有行情（图2-3、图2-4）。

---

①**注：**周氏超赢期货系统指标代码，下同。

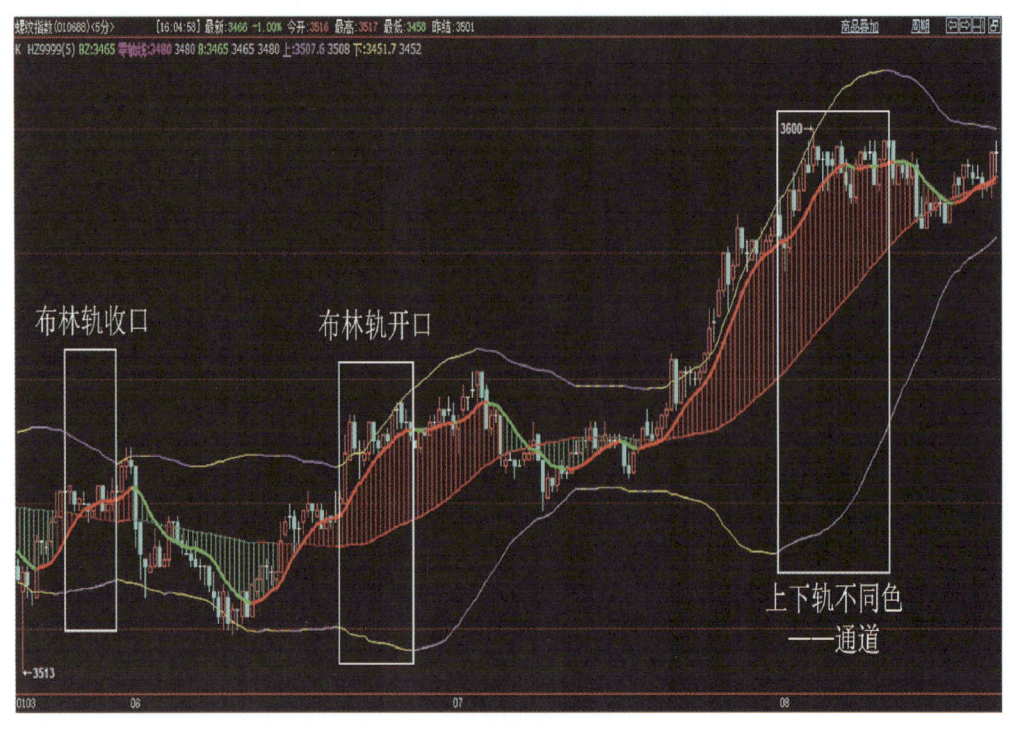

图2-3　三种布林轨颜色1

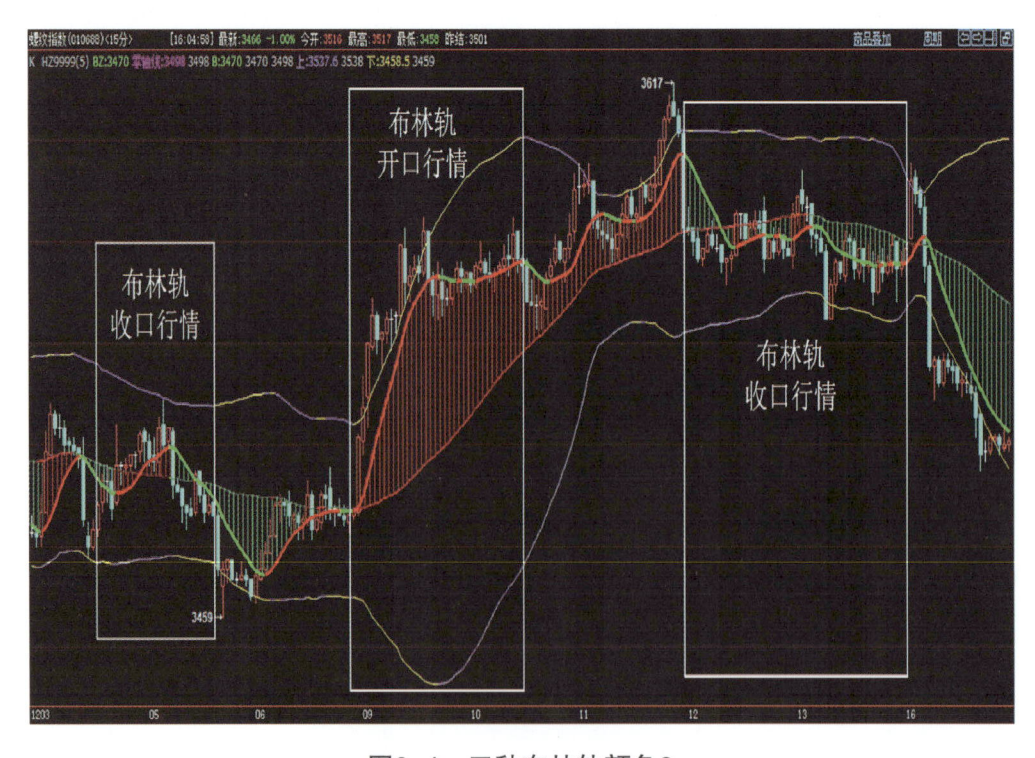

图2-4　三种布林轨颜色2

知道了布林轨开口、收口的特性后，为了落实到操作，我把布林轨做成变色，这里总结变色的规则：布林轨上下轨黄色，说明可能有单边势出现，是开口行情，开口越大，趋势越确定；布林轨上下轨蓝色，说明是横盘震荡，是收口行情。还有一种，单边黄色的，属于通道行情，说明处于缓涨或者缓跌。

因此在操作的时候，布林轨收口开始变色的时候，我们就应该有所准备。那么方向上呢，依据什么来判断方向？期货市场盈利的密钥是线上做多、线下做空，因此方向是清楚的，接下来就是找机会和找头寸，指标共振与周期共振进场。

我们一再强调，作为散户，我们的操作应该建立在主力的基础上，跟着主力的方向搭顺风车。因此，不能追求完美地抓到每一个跳动，而是应该以持续稳定、波段式的盈利为目标。

前面讲的是开口行情的操作，那么横盘什么时候开始？即布林轨上下轨变成蓝色，意味着波动率减小，这是横盘震荡的起点，一直到开口行情出现，横盘震荡结束。

我们讲技术一定要讲全，作为长期操作来说，应该多研究一些技术规律，否则什么都不看，单纯执行傻瓜模式，可能会有盈利，但是跟别人交流就会发现，不去研究会变得什么都不懂。傻瓜线怎么说都有一定的失败率，哪怕胜率90%也有10%的亏损，而有了理论基础之后，我们就可以尽量剔掉一些不必要的亏损。

前面提到布林轨双线黄色开口是单边行情，双线蓝色收口是横盘震荡，单边黄色是通道行情。我们再接着往下分析，布林轨的上下轨我们也可以看成是支撑位、压力位。那么支撑位、压力位什么时候有效、什么时候无效呢？根据布林轨不同轨道颜色代表的行情，我们可以简单推出支撑位、压力位在黄色轨道上无效，在蓝色轨道上大概率有效。

根据布林轨的定义，95%的K线都在布林轨内，只要布林轨不开口，上下轨就是价格的绝对压力与绝对支撑位置，我们也可以把这个规律应用到实际操作中（图2-5）。

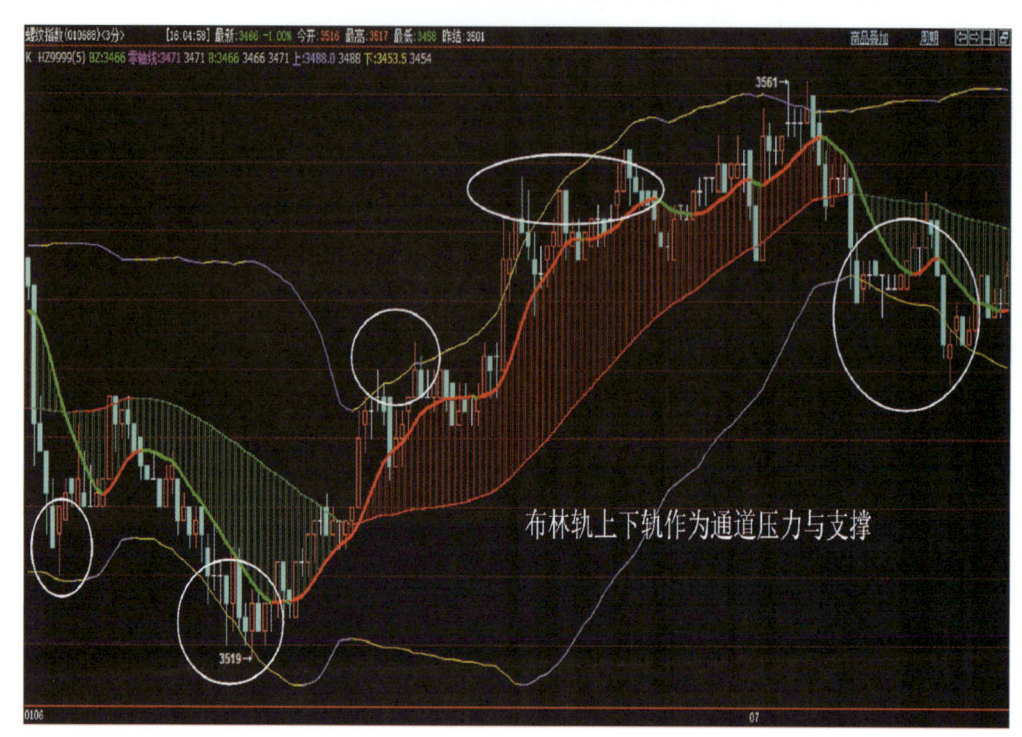

图2-5 利用布林轨收口行情下的上下轨内操作示例1

如图2-6，收口行情，上下轨形成了绝对支撑与压力。那么在价格突破或者临近突破上轨的时候，只要布林轨没有变色，仍然处于震荡行情，我们也能在震荡中找到盈利的机会。跟只做趋势比起来，只要震荡势操作到位，价格上下的波动就能抓到大部分。而趋势操作抓到的则是整个波动的幅度；因此，震荡势下有把握抓到行情，就如把像弹簧一样的行情拉直，从头抓到尾。那么我们前面所说的，市场70%都处于震荡势，趋势只有30%，等一波趋势是比较不容易的，因此，只要我们能抓住震荡行情，那么盈利率就能大大得到提升（图2-7）。

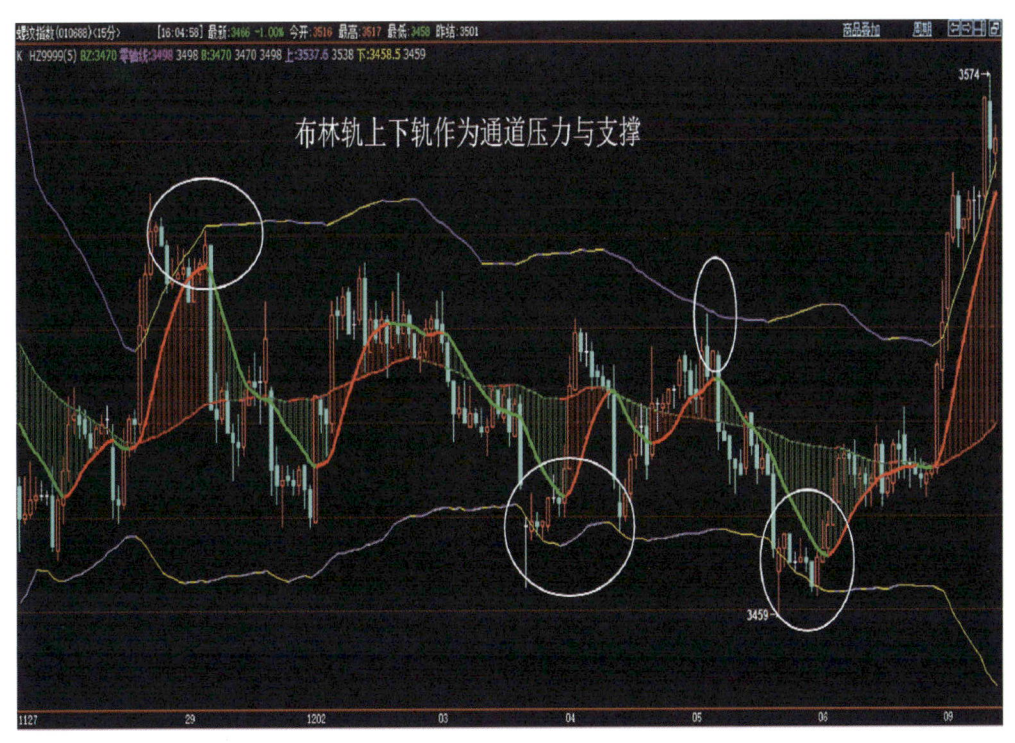

图2-6　利用布林轨收口行情下的上下轨内操作示例2

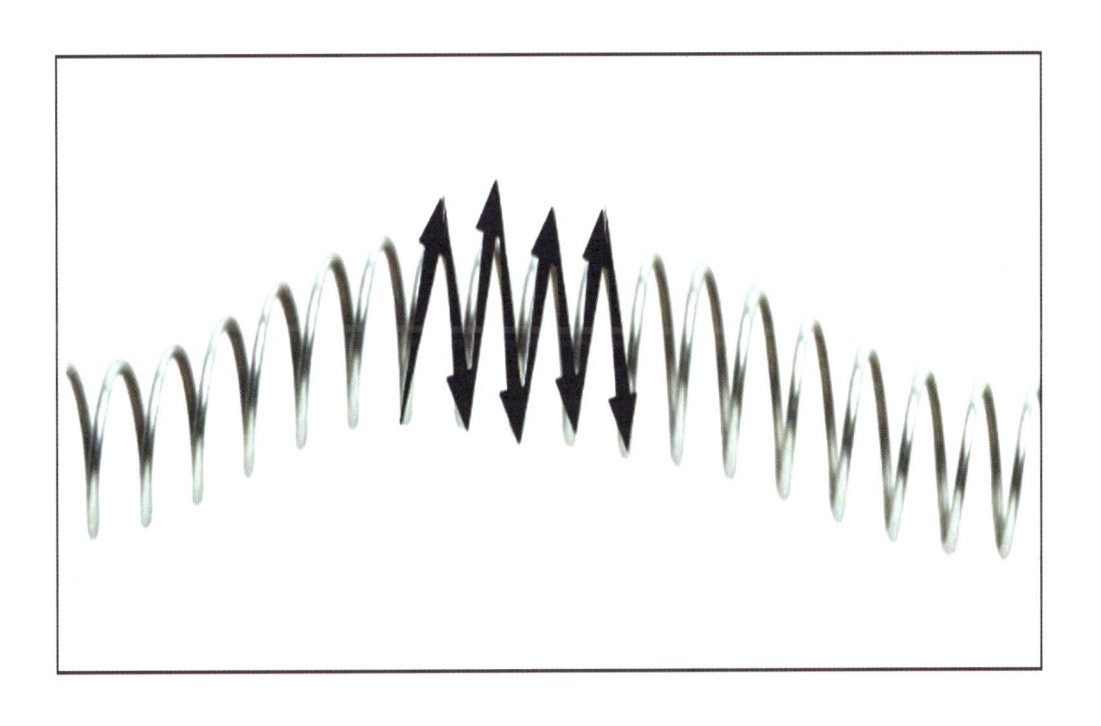

图2-7　弹簧式的震荡行情

布林轨的特性：①三种趋势；②震荡势操作；③还有就是在本书后面傻瓜模式里提到的，95%的K线都在布林轨中，而突破出布林轨的K线数目符合斐波那契规律，0、1、1、2、3、5、8、13、21……这也是我们操作上的辅助参考，如图2-8所示。布林轨是周氏超赢期货系统中最直接有效的判断趋势与震荡行情的参考线。将三个特性结合起来就能有效提高我们对行情，甚至对单个K线走势判断的准确性。

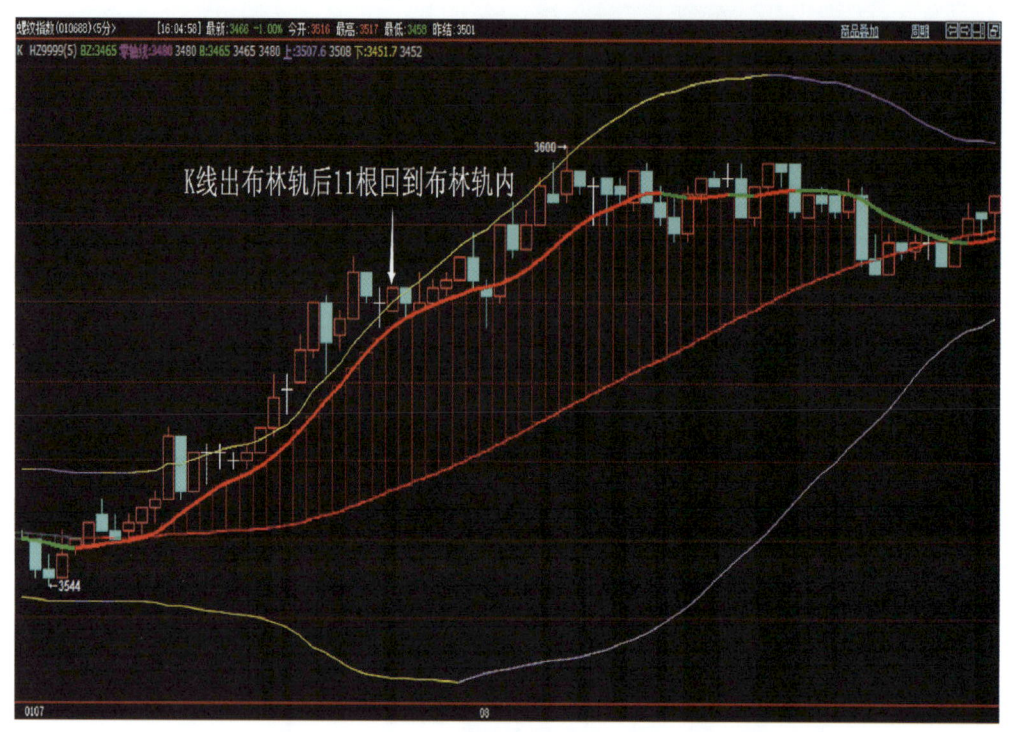

图2-8 K线在布林轨外走11根后回到布林轨中

第二节
调整中的ABC

我们已经知道了一波主升浪或者主跌浪之后会跟随调整浪，根据调整浪的空间位置，我们对接下来趋势的走向有所判断。那么调整浪什么时候结束呢？这是时间的问题。怎么去判断调整浪的时间呢？根据周氏超赢期货系统"量、价、时、空"的基本体系，三波理论中，一波主升浪/主跌浪调整ABC的空间幅度，我们已经介绍过了（图2-9），现在我们来解决时间的问题。

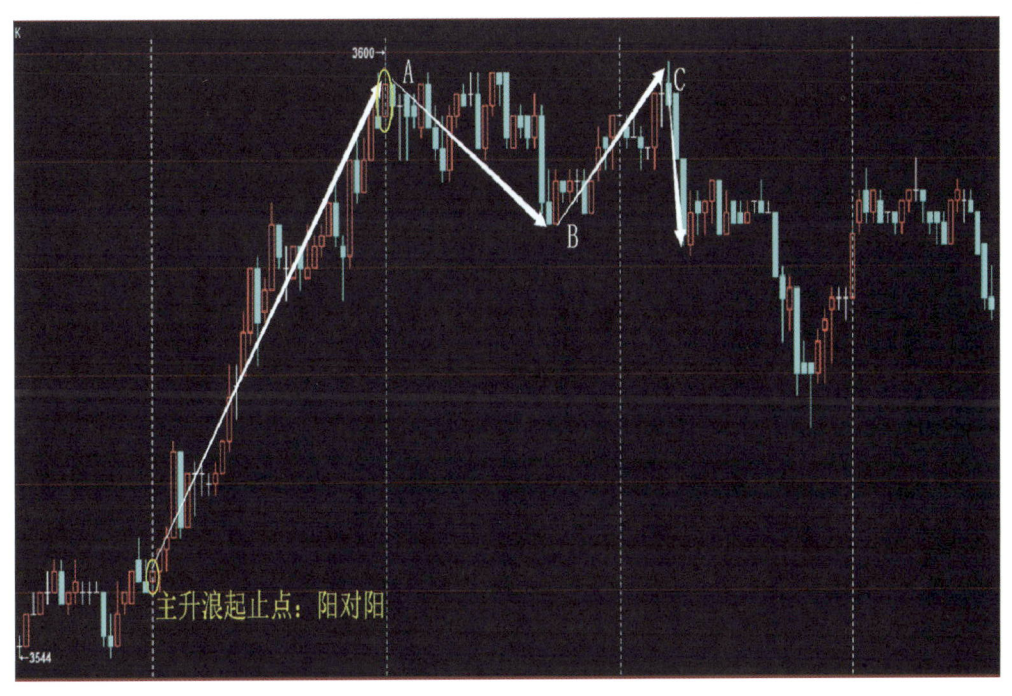

图2-9 主升浪起止点

如图2-10所示，首先，我们确定主升浪的起点与终点。

确定主升浪起点与终点有一个原则，起点K线与终点K线都必须是阳线。同理，如果是主跌浪，则起点K线与终点K线都必须是阴线，这个原则我们简称阳对阳、阴对阴。依据这个原则我们画出这一波上涨的起点与终点，起点与终点之间的时间即是这一波主升浪的周期。

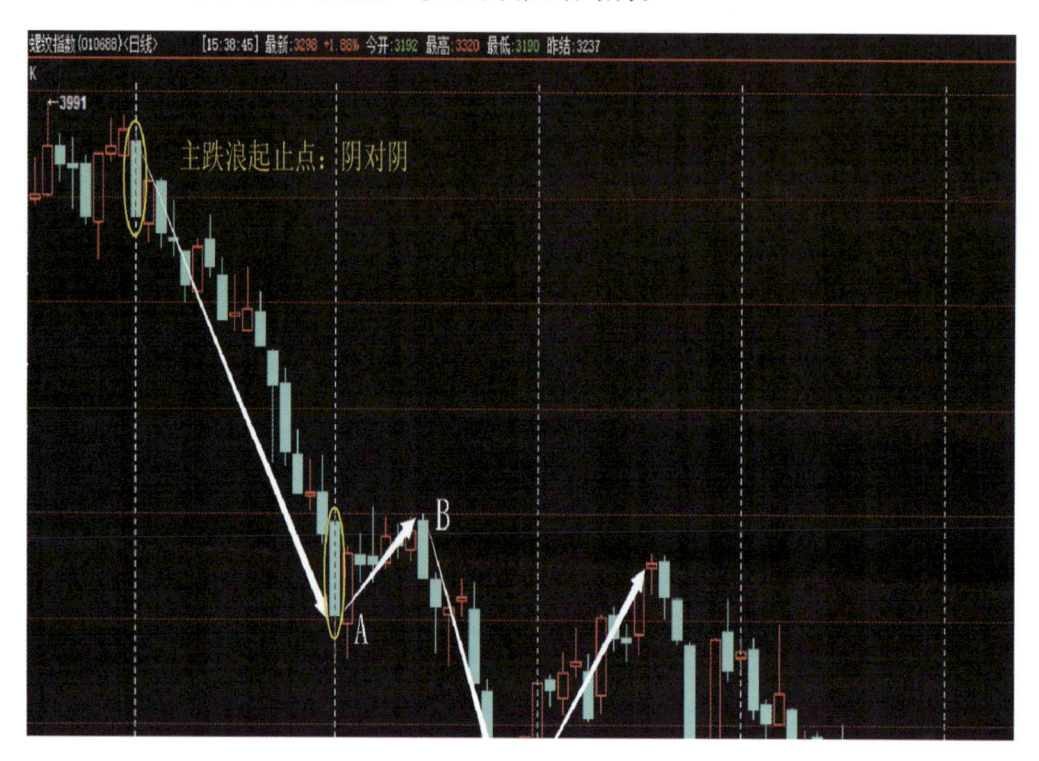

图2-10　主跌浪起止点

现在我们来看调整浪的时间与主升浪的时间的关系。根据多年的统计经验，调整浪与主升浪或主跌浪之间的关系标准情况为：调整浪的时间是主升浪或主跌浪周期的1.5倍左右，且正常情况下ABC浪时间平分，即ABC标准情况下走的时间均为主升浪或主跌浪的0.5倍左右。即如果主升浪走了10根K线，标准情况下，ABC调整浪调整时间为15根K线左右，其中ABC平均各5根K线左右。1.5倍时间到位后标准情况下，根据ABC调整的空间位置，即三一位、二一位、三二位的情况，会出现相应变盘节点。我们称这种符合标准情况的走势为规定时间完成规定动作。

但是很多情况下，K线并不会直接按标准模式走，如果调整浪走了1.5倍时间后仍未变盘，那么接下来还会走多久，我们也需要判断。在此，我总结出另一个规律，即如果调整浪走完1.5倍时间仍未变盘，则调整浪延续，延续走的时间按3的倍数递增；即如果1.5倍时间到位，调整浪还未结束，则接下来调整浪的时间应为3倍左右的主升浪或主跌浪；3倍时间节点到位调整浪仍未结束的，考虑看6倍的主升浪或主跌浪的周期；依次类推，往后接着看9倍、12倍……当然，现实情况下，调整浪的时间一般都不会超过9倍，偶尔出现过12倍的情况（图2-11至图2-14）。

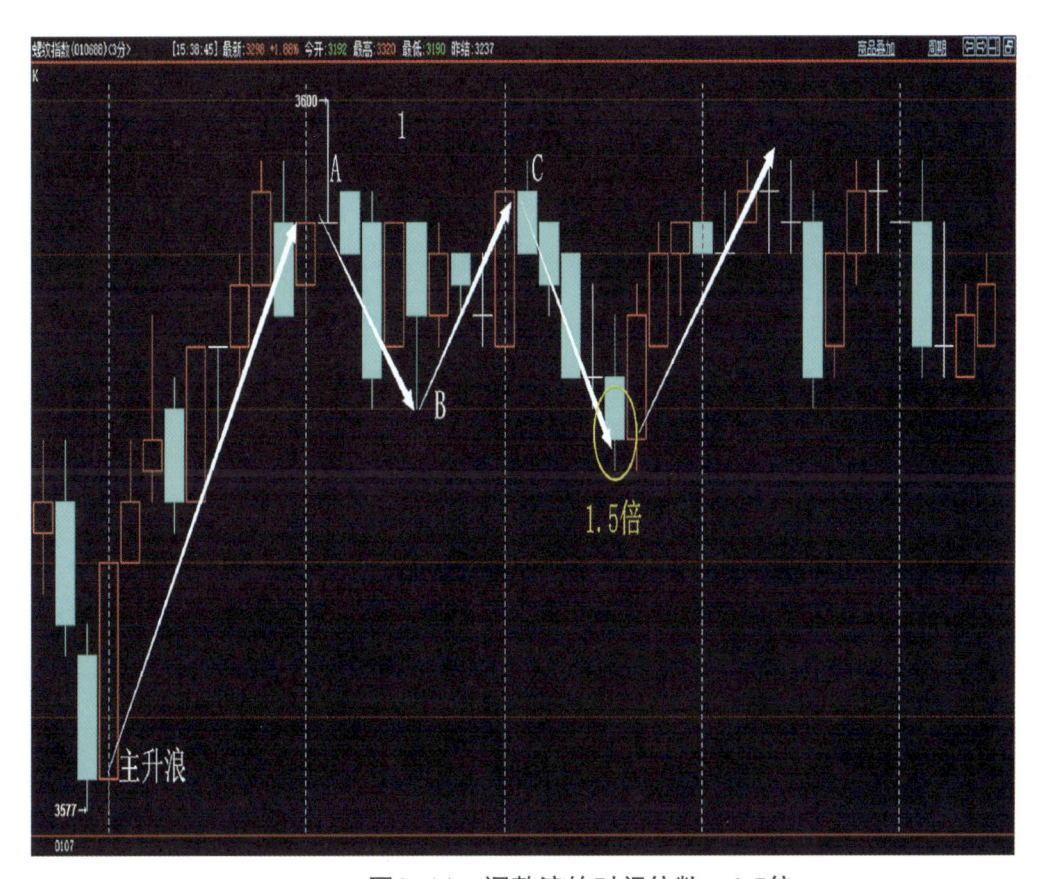

图2-11　调整浪的时间倍数，1.5倍

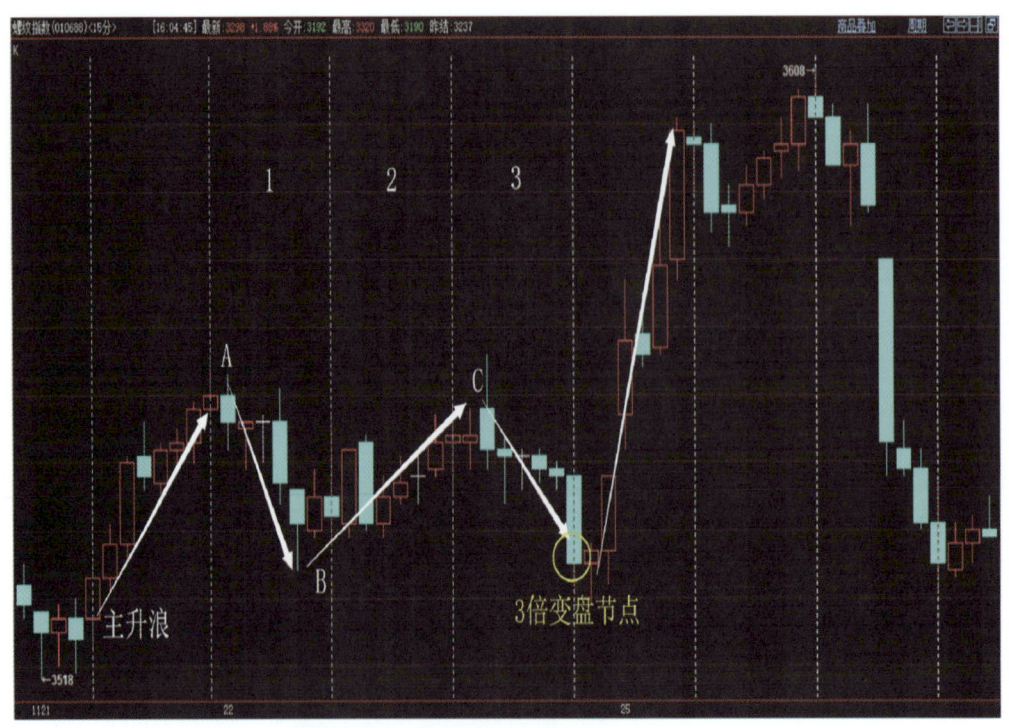

图2-12 调整浪的时间倍数，3倍

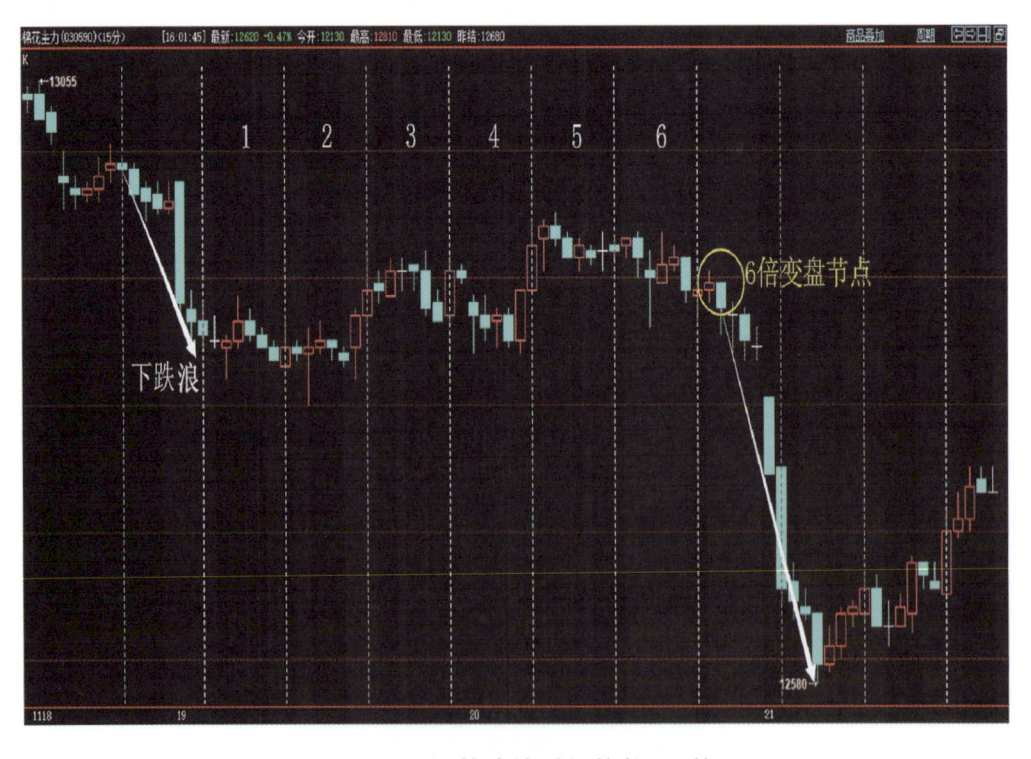

图2-13 调整浪的时间倍数，6倍

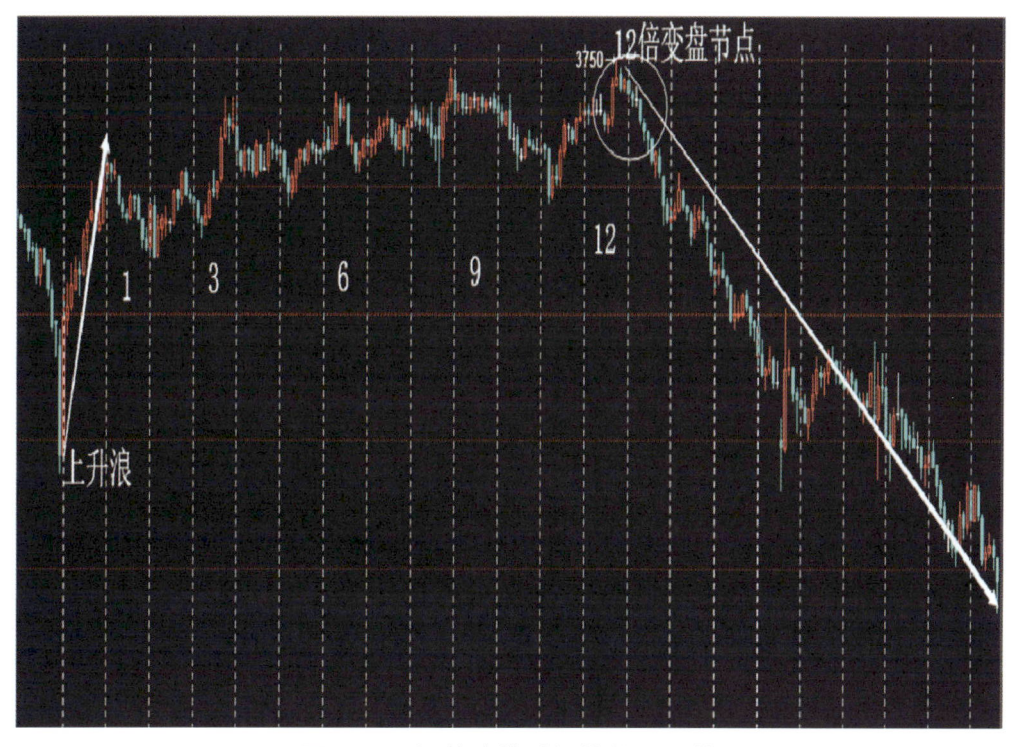

图2-14 调整浪的时间倍数，12倍

第三节
零轴线技巧

期货市场有着自身的规律性，只有掌握了期货市场的规律才能做对方向，这个问题非常关键。方向做对是盈利的基础，至于头寸掌握得好不好，平仓是不是到位，是决定盈利多少的问题。

方向怎么做对呢？很多时候你看行情趋势的时候是对的，但是一做进去方向就反了，明明本来是个多头，为什么进去就变了呢？这是我们很多人疑惑不解的地方。我认为：如果要做对方向一定要有一个基准线，我把这个基准设置为一条均线。如果均线向上，代表在这一段时间平均价格的重心在往上；如果均线向下，说明价格重心下移。这个逻辑谁都清楚，问题是怎么去把握均线？用什么样的基准？5日、10日、20日、30日，都可以设置，每个人都有各自不同的用法。在周氏超赢期货系统当中，我把这个基准设置为类似于50日的一条均线，这是我加权平均再处理之后的一个结果，我把这条均线称为周氏超赢期货系统中的零轴线。

在这套系统中，零轴线是一个标尺，是为了尽可能让指标共振、周期共振来增加判断的准确性。也就是说，这个零轴线可以和FF4对应上，和资金流量线的零轴线一致，然后我在KDJ的指标上设了一个50中线，零轴线和50中线也是共振的。我们强调，共振会使方向判断的确定性更好一些，好比我们平时分析，画平行线也好，画斜线也好，线能不能起到作用，关键在于是不是有三个点以上的重合。比如说一条线划出去，只有一个高点或者低点经过这条线，那么这条线便没有什么参考意义，一般画线有效应该要三个点以上，越多越好，因此我们说，此时的零轴线是一个较为有效的方向标尺。

以零轴线作为标尺，我们定的一个操作的核心基准就是线上做多、线下做空。

我们先来看零轴线作为方向判断在日线上的验证情况（图2-15、图2-16）。

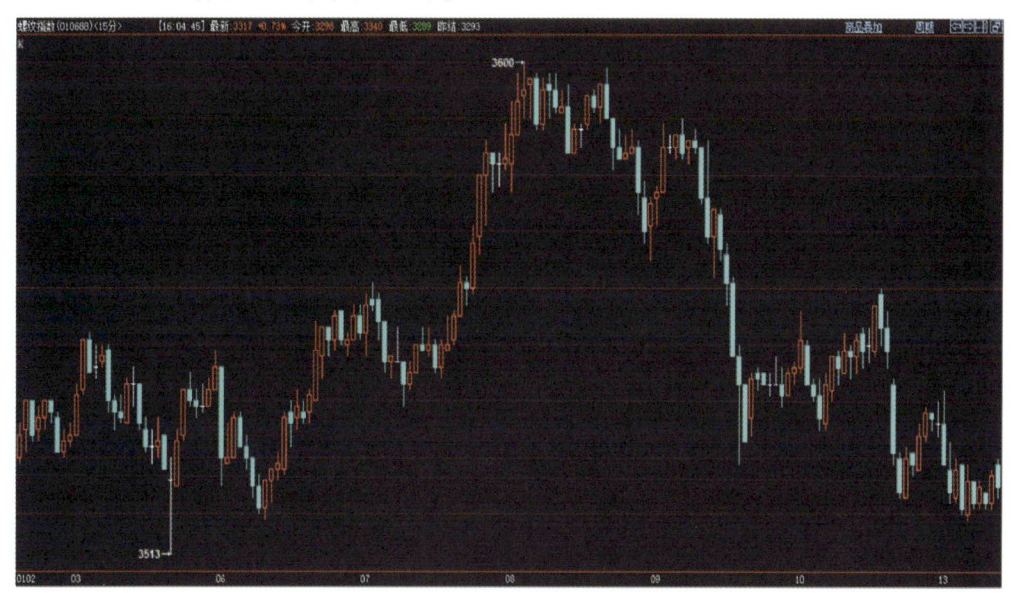

图2-15 没有零轴线的裸K图

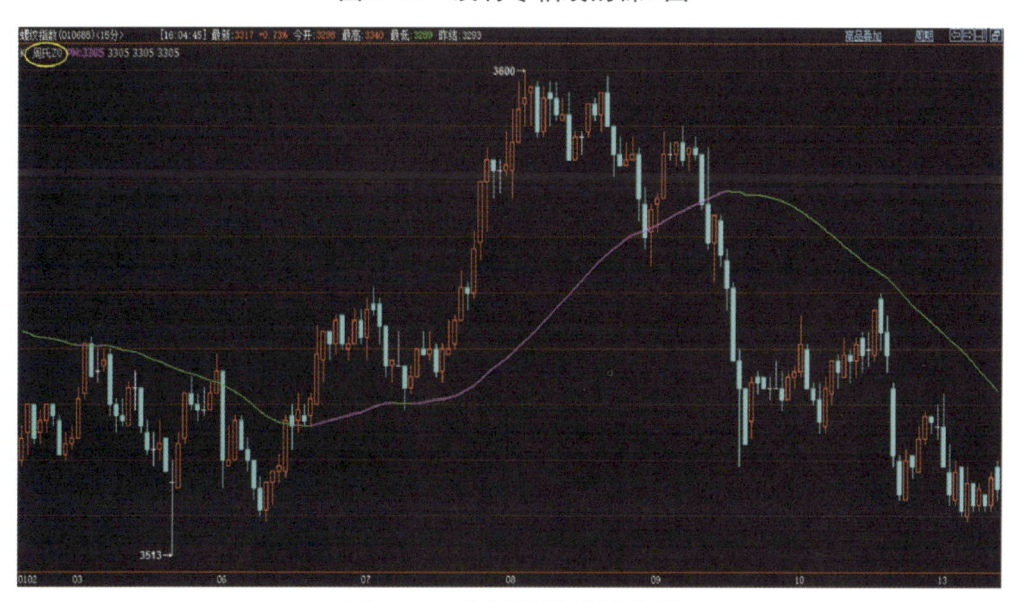

图2-16 有零轴线的辅助图

像这样的趋势，图2-15中是裸K线图形，K线走出来之后非常容易就可以判断趋势，上升趋势或下降趋势一目了然。但是在实际操作过程中要判断趋势是非常困难的，尤其是趋势的转变在盘中经常就是个谜团。图2-16是加了零轴线之后的对比（实际软件中零轴线拐头向上，线呈红色，拐头向下则呈绿色），以零轴为分界线，线上做多，线下做空，这样我们就有一个基准，有了操作的依据。有些人虽然是裸K线操作，实际上他脑子里还是有线，可能是压力线或者是支撑线；包括缠论的顶分型、底分型，也是在一个平台的基础上，在平行线中形成一个上下的分型，然后突破高点买入，突破低点卖出。所以说，有了线就有了标尺，就有了我们操作的依据，这是在我们操作当中应该注意的问题。

有了零轴线就有了操作的依据，也有了方向的判断和把握。大家一定谨记，不管用什么指标和方法，以零轴线为基准，线上做多，线下做空，这是一个最主要的灵魂核心，这是我们期货操作的一个密钥。

期货市场赚钱的密码是什么呢？就是做多做空。那么最核心的密钥是什么呢？就是线上做多，线下做空。我们把这条线可以称为牛熊分界线、多空分界线。关键在于能否把几个指标的参数修订一致，强调多指标共振，使其具有非常强的可操作性。周氏超赢期货系统一个核心的东西就是这条零轴线，包括其他指标的零轴和中轴线，把几条线联系起来，找多点共振，此时确定性强，是最佳的买点。

只按零轴线来操作是顺势而为，不会赔钱。理论上是这样，但是实际操作非常困难。价格在零轴上走得好好的，突然一根大阴线跌下来怎么做？是做空还是平多单？我们有时候碰到一根大阳线上穿，直接到顶了，这时候买进去是不是买在最高点了？几次这样就能把你砸得没有了信心。我曾经在课上带着学生一起复盘，复盘过程中连续几次亏损出来，学生都在讨论可能是赔钱了。但实际计算下来，螺纹单笔最高盈利88个点，单笔最大亏损26个点，一次大的盈利可以抵上3次大亏损，因此最重要的就是要坚持，坚持按这个原则去做。

我有一个学生，没做过股票也没有学过期货，他的职业是法官，退休之后没事做，经朋友介绍来找我学做期货。期货的门槛很低，有个身份证就可以开户，但是实际交易要盈利对人的要求非常高，一是要悟性，二是要执行力。考虑他没有任何一点理论基础，执行力反而是多年法官职业带给他的优势，因此我给他设计了一条零轴线，告诉他一些操作方法，模拟三个月后账户的资金曲线非常平稳，呈锯齿状向上。从那之后，我让他小资金尝试实盘，做了三年之后，他们法院的纪委书记约谈他，告诉他有人反映他现在生活奢侈，要调查他，最后他把几年的期货公司结算单打印出来才证明了资金来源。

从法官的例子中，我就想到要做一套傻瓜模式出来，只要执行力没有问题，坚持原则去做就可以。法官告诉我，在坚持原则的过程中，挨巴掌是常事，但是你不知道哪一巴掌是最后的一巴掌。讲纪律的时候就是要坚持才能盈利，前面亏损都是小亏，后面抓到一个趋势就能把前面的亏损补上。当然，要想少挨巴掌，我们从后面讲到的技术分析上是可以做到的。

但是我们很多人在这个市场当中，就怕自己错过了行情。行情做反了，还经常扛单，进行逆势操作。

图2-17中，前一波跌完，几根线回调甚至刚一出现回调，就立马有人追进去抄底做多，但行情继续下跌后被套，如果再不及时止损而扛单，那么将会造成巨大的亏损。由于把握不住行情而扛单是交易操作中出现大亏损的主要原因。尤其要说的是逆势加仓，即方向做反了之后通过不断地加仓

来拉平开仓成本的行为。我对于这种行为的结论是：逆势加仓，本金赔光。甚至于如果你赌性过大的话，会倾家荡产。我有几个学生都有这样的习惯，把钱都赔在期货市场上，最后由于本金太少，要想东山再起变得非常困难。

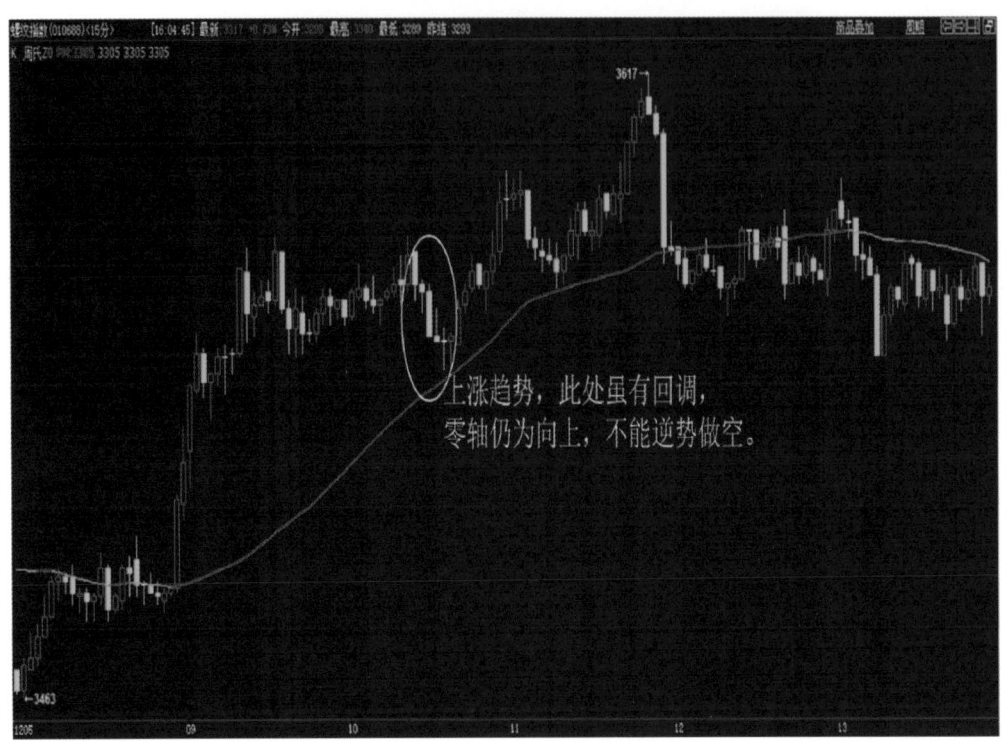

图2-17　逆势操作的验证图：上涨趋势中回调摸顶、逆势操作的反例

巨大的亏损会造成交易心理上的阴影。几次大额亏损之后，再碰到新的机会哪怕方向看对，也不敢再下单。我们前面说的，法官坚持的原则是该止损就止损，一次赔不了多少，但是只要有一波大的趋势就可以盈利回来。相反，如果逆势加仓，方向做反了之后不止损，简而言之，就是扛单，这就是赔钱的原因。

还有一种赔钱的情况，就是摸顶抄底。图形上看觉得涨得高了，就在当前高点上放空，想一波趋势从头拿到尾。在这里我要告诉大家，市场没有这么完美，行情没有最高只有更高，顶不是你摸出来的，底也不是你抄出来的，只有当行情走出来之后你才知道哪个是顶、哪个是底。

我们回到问题，期货赔钱的原因是什么？一个是扛单，一个是摸顶抄底。对于存在这种操作习惯的人，我的建议就是老老实实地按照零轴线，线上做多、线下做空，做错了也不要紧，该止损就止损。有些人有摸顶抄底的思想，总觉得线上做多、线下做空吃亏了、赚少了，而我一直提倡的是，在这个市场中，不是所有的行情都跟你有关系，赚就要赚有把握的钱。只有这样，你的资金曲线才会平稳，你的盈利才能持续长久。我提倡的是，我们的资金曲线应该呈小锯齿平稳向上状，容许有小的回撤。

市场证明，主观交易95%都是赔钱的。而我一直强调，线上做多、线下做空，把这个掌握了以后，操作上不会赔大钱，赔钱主要也是赔小钱，只要抓到一波趋势就能赢回来，赔小钱赚大钱，这是操作上最根本的道。

市场70%都是震荡行情，图2-18所示的这段行情中，按照线上做多、线下做空的模式操作并不能实现盈利，就如同以往在课上带学员复盘，现场学员随机选择品种与时期，在复盘过程中碰到类似震荡行情时，经常磨损得学员也都没有信心了，但实际上只要一直坚持，根据复盘的统计结果，抓到一波行情往往就能把前段的磨损填补回来。

以零轴线为依据，线上做多、线下做空，这个模式有它不完美的地方，在震荡行情中会有较多磨损。于是我在主图上加了两条线——操盘线和趋势线，这两条线周期不一样，快慢反应也不一样。利用这两条线怎么做呢？最直接的方法就是金叉做多，死叉做空。趋势线，加上零轴线，快慢不一样的均线组成了不同的周期，当两条线都变色即是周期共振的情况，这时候对于趋势把握的准确性是最高的。

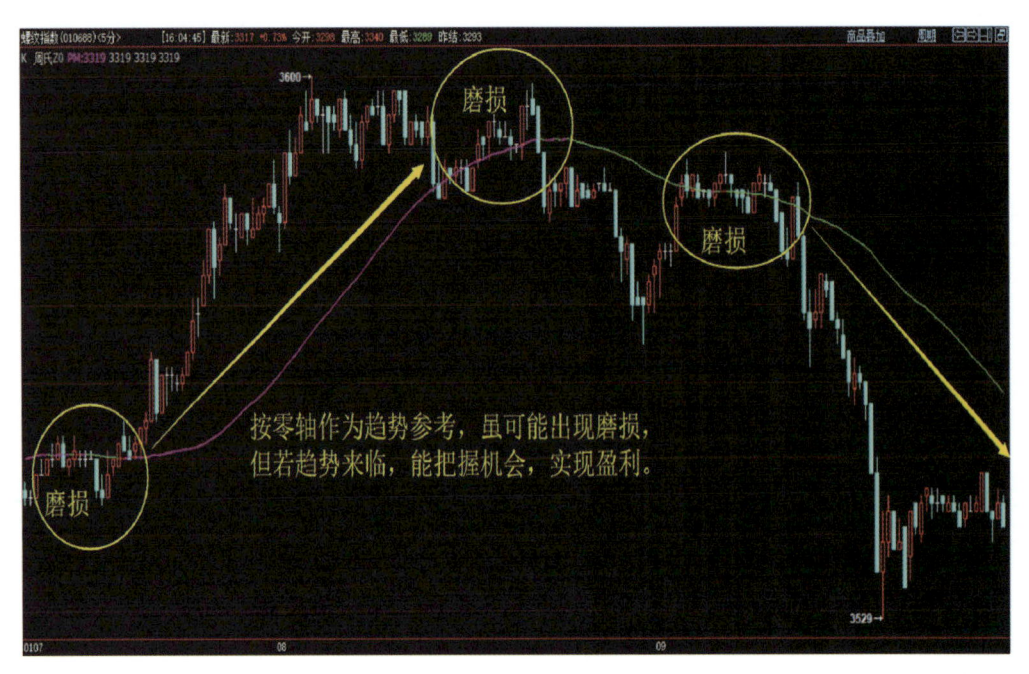

图2-18　横盘震荡的行情图

横盘震荡中，由于零轴线反应相对较慢，等趋势线变色同样存在磨损较多的情况，因此在横盘震荡中，用双线交叉或K线上下穿的方式进出场就会更快一些，这种方式就是利用两条均线取的参数不一样，快慢、周期有所不同，利用周期共振的方式，大周期配合小周期操作，长短结合。另外，我们再加一条布林轨，中轨与零轴线重合，用颜色来表示布林上下轨的收口与开口，蓝色代表收口，黄色代表开口。双轨蓝色代表当前行情处于横盘震荡行情；双轨黄色代表当前有趋势行情；价格在零轴线之上代表处于单边上涨行情；在零轴线之下代表处于单边下跌行情；双轨一黄一蓝表示当前处于通道行情；上轨黄色代表当前处于震荡向上的通道行情；下轨黄色代表处于震荡向下的通道行情，整体仍处于震荡行情，只是我们做了一个细分。这样用布林轨就可以过滤横盘震荡行情，布林轨收口直接过滤，避免不必要的磨损，提高整体操作的收益。

这里我提出，周氏超赢期货系统和其他做趋势单的模式不一样的地方在于：趋势主要抓的是一波行情，通常一年下来，一个品种真正有完整的一段趋势行情只有1到3次，一年中可操作机会极少，并且要一直等机会，要及时关注行情。而周氏超赢期货系统强调，大周期与小周期配合，横盘也可以做，每天都有小段行情可以抓，统计结果表明，我们用周氏超赢期货系统操作，5分钟级别和60分钟以及日线级别的相同时间段内的操作收益比较，5分钟的是60分钟、日线周期的5~8倍，所以说，短线操作能抓到行情，提升收益。

我们再提出一种用大、小周期来过滤的方式，看大做小。如图2-19，左边是5分钟周期的K线图，右边是15分钟周期的K线图，两个周期配合，看大做小，大周期确定方向，小周期找机会入场，用大周期过滤方向可以避免逆势操作。

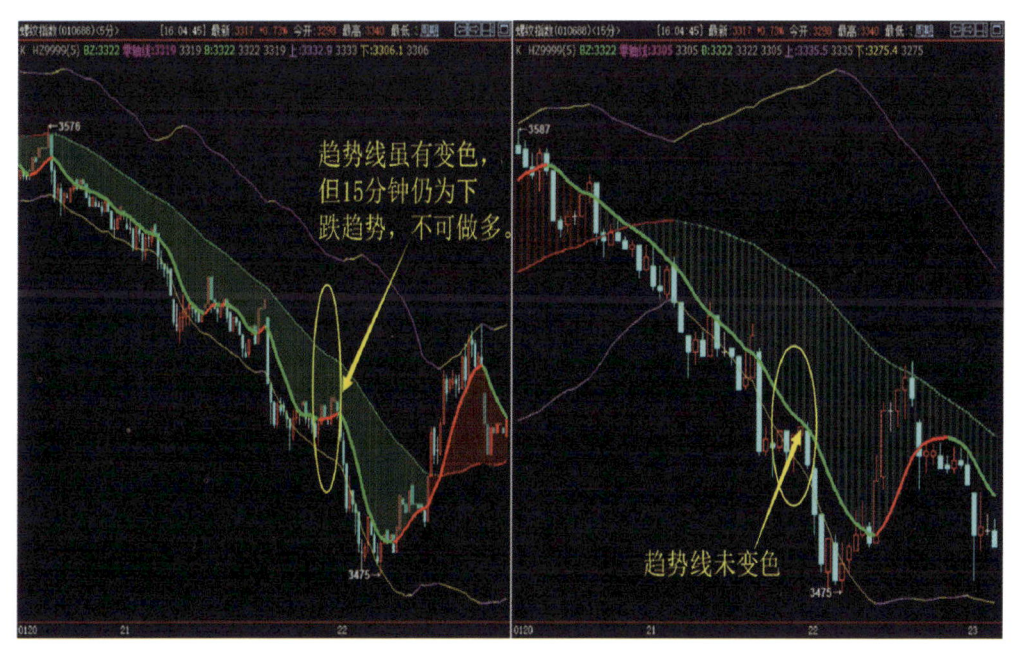

图2-19　5分钟和15分钟配合的示例图

第四节
分时图战法

  分时图组成：1分钟周期上由每一根K线的收盘价组成，黄色线为结算价组成的均线，即按成交价加权的均价。在分时图中，前述的理论基础与应用技巧同样适用，包括三波理论、镜像理论、箱体理论等，用分时图可以剔除毛刺、形态更加清晰，利用均线来判断走势和后期的变化，操作上更加灵活简单。

  三波理论应用：分时图中三波理论同样适用，包括主升浪/主跌浪之间的幅度关系，ABC调整浪的时间、空间对于后续走势的影响（图2-20）。

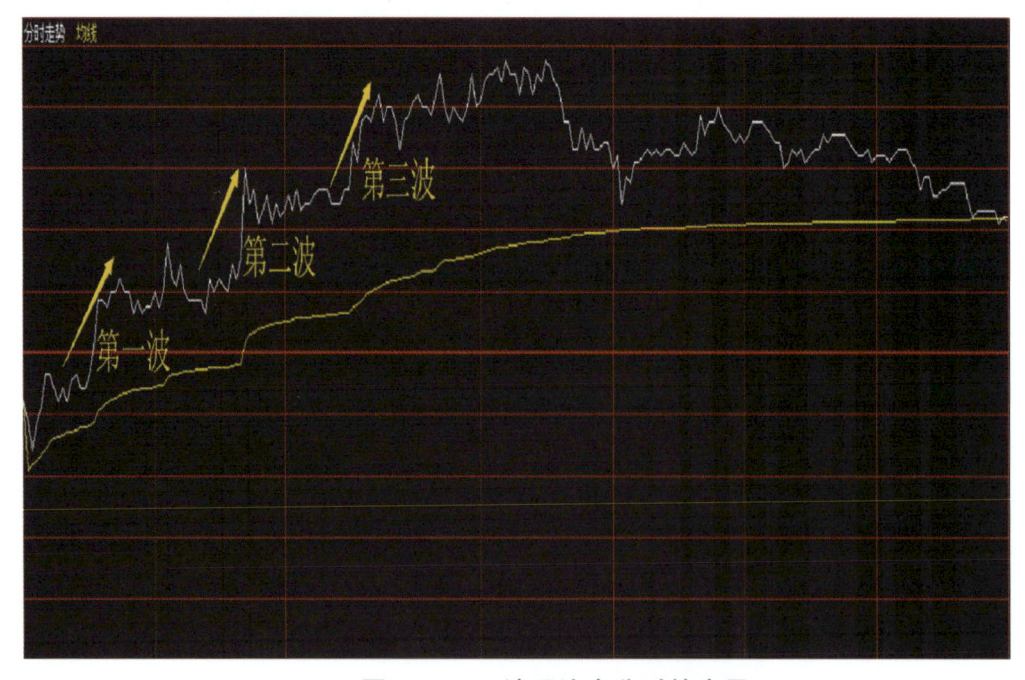

图2-20 三波理论在分时的应用

镜像理论应用：处于震荡势下的分时图，镜像同样适用，图2-21中各框内均符合镜像基本走势；且左边1、2处，价格上穿均线的幅度，约与价格下穿均线的幅度相等。

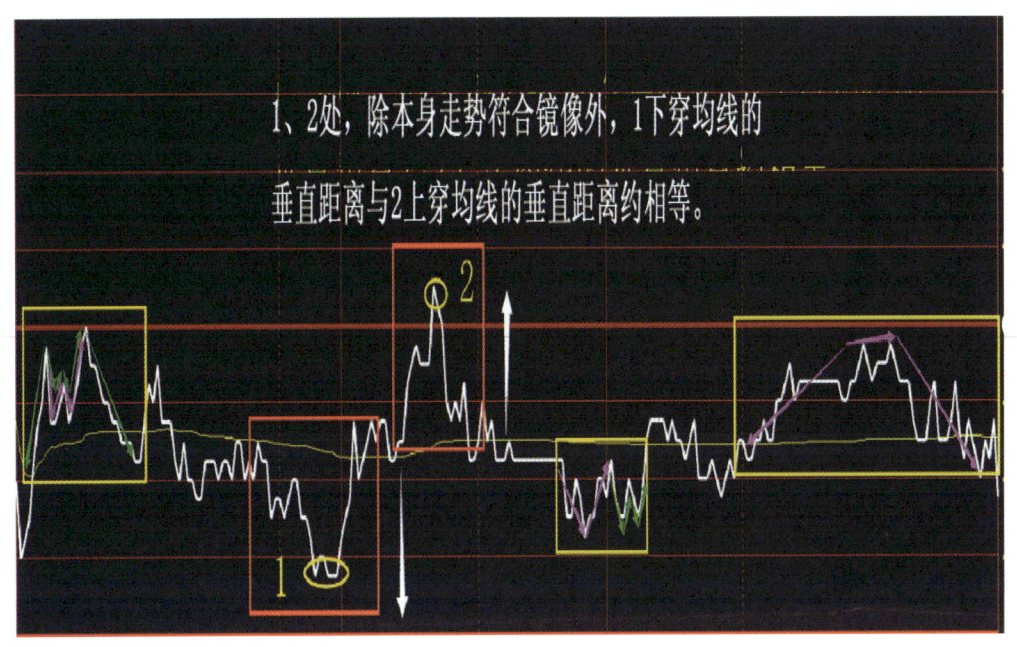

图2-21　镜像理论在分时的应用

箱体理论（格子战法）应用：在缩放的分时图中，由系列横线与竖线构成每个格子，其中横线可直接引用为箱体上下轨，竖线为时间参照线，因此每一个格子除箱体运用外，还兼具时间判断的辅助功能，时间与空间俱备，参考意义较强（图2-22）。

此外，在分时图下方，显示了成交量与持仓量趋向。若持仓量持续增加，价格下跌为空头加仓，价格上涨为多头加仓；持仓量持续减少，价格下跌为多头平仓，价格上涨为空头平仓，持仓量可以作为价格趋势与多空方博弈的关系表象。成交量增加说明多/空趋势性增强，成交量减少说明多/空趋势的减弱，成交量是趋势延续的参考。持仓量与成交量对价格趋向的辅助判断，是分时图的另一大特点（图2-23）。

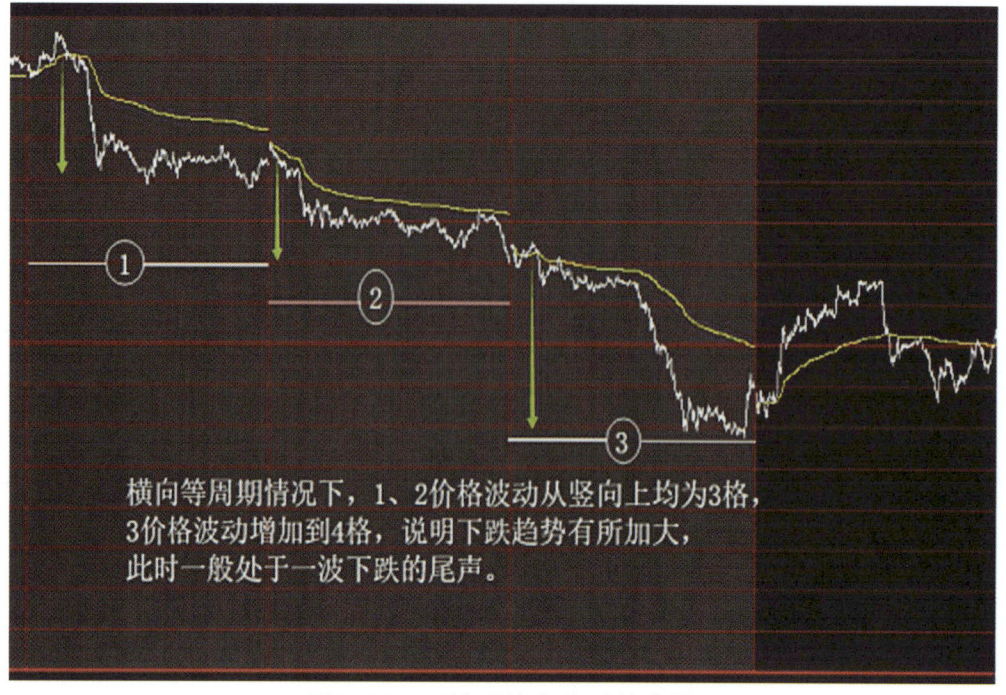

图2-22 三波理论在分时的应用

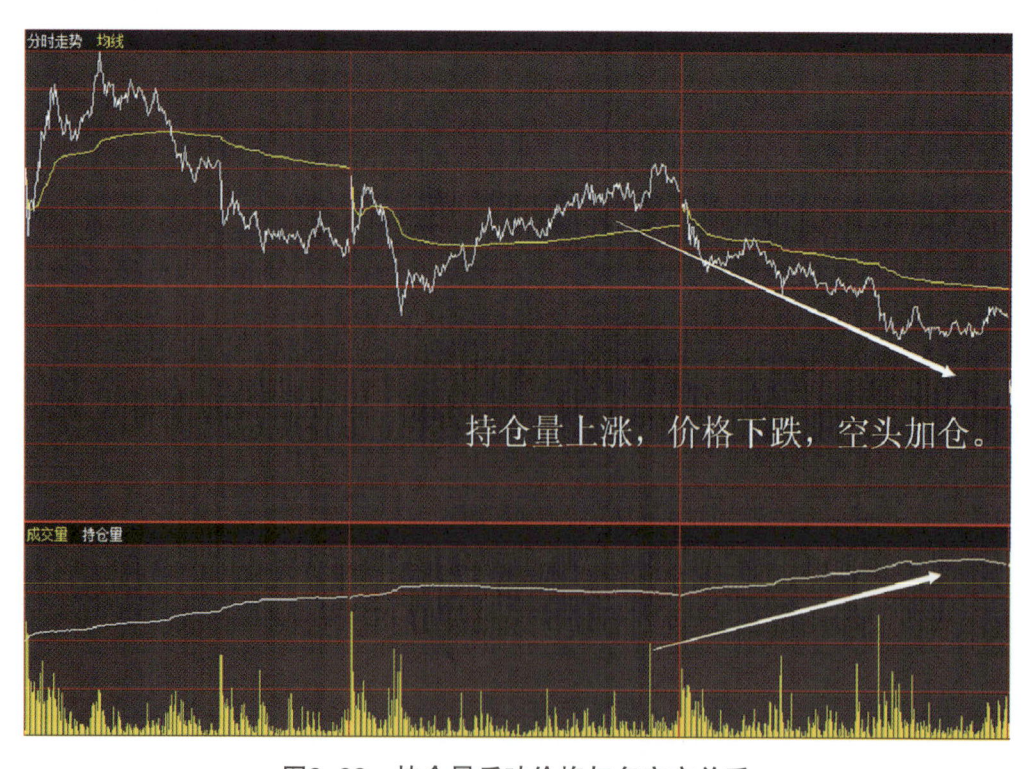

图2-23 持仓量反映价格与多空方关系

第三章 模式举例

投资者进入期货市场的目的是赚钱，事实上每个投资者都在这个市场上赚到过钱，但绝大多数投资者都逃脱不了七亏二平一赚的定律，这是因为他们没有找到适合自己的交易模式。

没有自己的交易模式只能随机操作，随意性很强，难免有时赚有时亏。

周氏超赢期货系统通过对股市、期市的研究，探索创建出一系列成熟、稳定、盈利的交易模式，用计算机语言编程后，将交易模式编译成计算机语言嵌入到交易软件中，创建了1300多个程序化自动交易模型，常年保持高额稳定盈利，能让众多股票、期货投资者从中受益。

第一节
复制性模式

一、指标说明

1. 主图指标设置：HZ9999+HZ11

HZ9999包含中轴线、操盘线和周氏布林轨。中轴线上做多，中轴线下做空。中轴线和操盘线同时变成红色，视为上涨趋势的信号，为多头区；中轴线和操盘线同时变成绿色，视为下跌趋势的信号，为空头区。周氏布林轨开口，即上下轨均为黄色，此时进入单边趋势行情；周氏布林轨收口，即上下轨均为蓝色，此时进入横盘震荡行情；周氏布林轨一边收口，即上下轨分别为黄色和蓝色，此时进入缓慢通道行情（图3-1）。

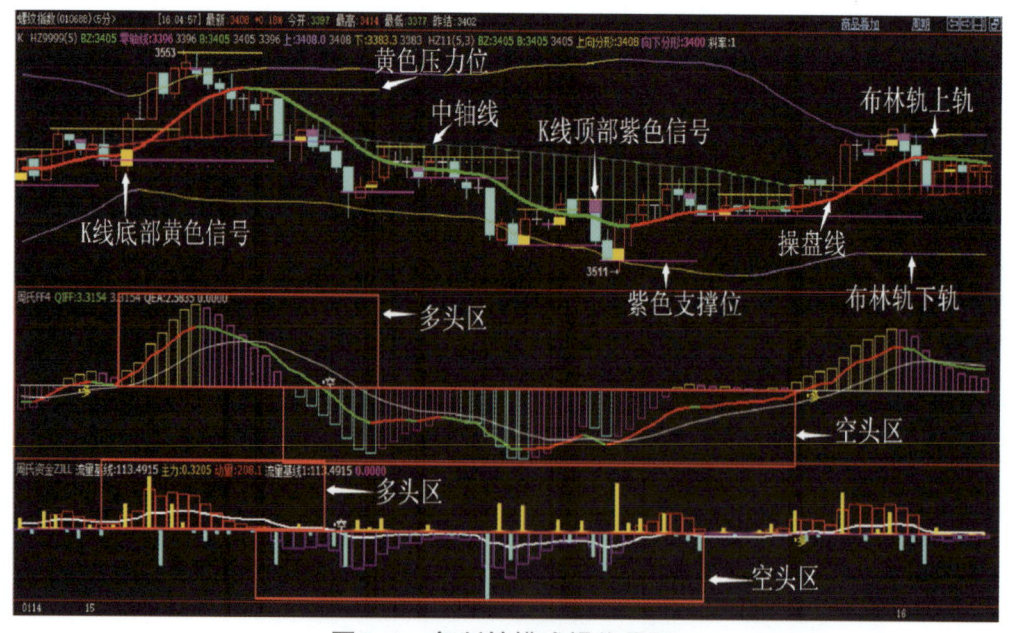

图3-1 复制性模式操作界面

HZ11包含K线变色信号和平台线。K线出现黄色底部信号时，视为上涨趋势；K线出现紫色顶部信号时，视为下跌趋势。平台线分为黄色线和紫色线，一般来讲，黄色线为压力位，紫色线为支撑位。但当K线突破黄色线后，压力位转变为支撑位；同理，当K线突破紫色线后，支撑位转变为压力位。

2. 副图指标设置：周氏FF4+周氏ZJLL

周氏FF4指标：通过零轴来划分"多、空"两个区域，在零轴上方为多头区；在零轴下方为空头区。指标线有两根，分别是快线（红绿色）和慢线（白色），当快线变红并且上穿零轴，同时出现黄色量能柱时，为多头区；当指标快线变绿并且下穿零轴、同时出现蓝色量能柱时，为空头区。

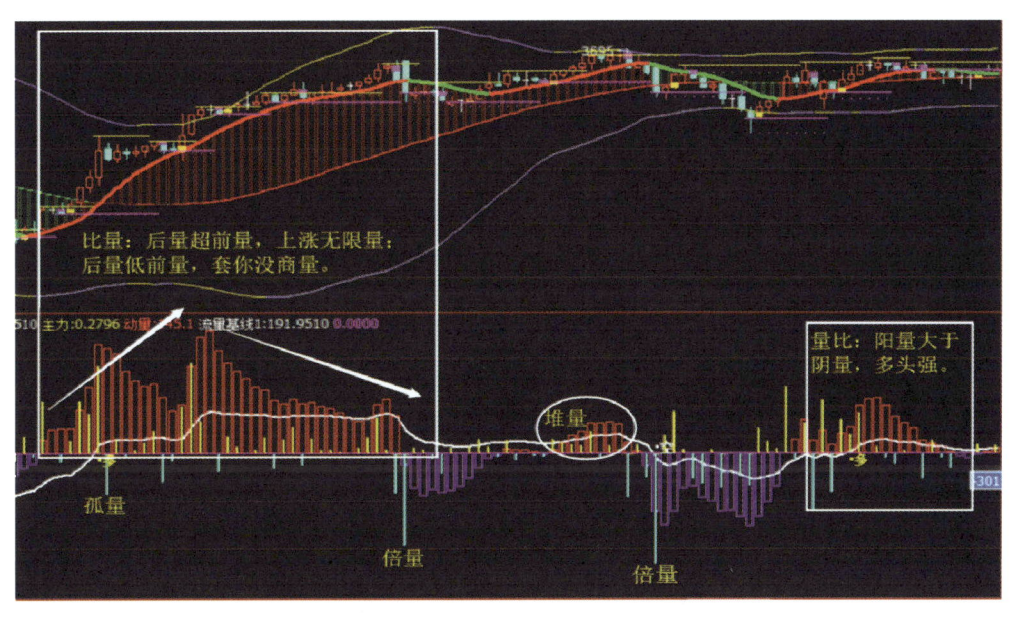

图3-2 复制性模式操作界面ZJLL

周氏ZJLL指标：通过零轴来划分"多、空"两个区域，在零轴上方为多头区；在零轴下方为空头区。零轴上方的红色空柱为阳量，黄色实柱为多头主力资金量，代表行情的上涨势；零轴下方的蓝色空柱为阴量，蓝色实柱为空头主力资金量，代表行情的下跌势（图3-2）。

ZJLL中量柱有高有低，有疏有密，有远有近，如何才能从无序的走势中发现规律，找出主力意图，判断未来走势呢？

周氏ZJLL指标中包含①量比：阳量和阴量之比。阳量大于阴量，多头强；阴量大于阳量，空头强。②比量：前量和后量之比。后量超前量，上涨无限量；后量低前量，套你没商量。③堆量：连续的几根阳量或者阴量。表示行情将会延续，连续上涨或是下跌。④孤量：在上涨之中的一根阴量后面变成阳量或两个不同方向的量。多头区或空头区的趋势延续时，出现单独的反向孤量为加仓机会。⑤倍量：单独的一根量，比上一根量高出一倍或更多。表示当前趋势将放缓，发生反转或报复性的反击。因此，看懂了ZJLL，就能掌握资金运作的思路，找出主力的意图，更好地主动操盘，提升收益。

二、操作原则

1. 基本原则

一个买法，三条纪律，一个平仓方法。

具体为：一个买法：指标共振+顺势（线上做多、线下做空）+信号。

三条纪律：布林轨收口或者窄箱体不做；FF4出现背离不能再次进场（不做第三波）；设置保本止盈线。

一个平仓方法：出现K线变色信号平仓。

2. 操作细则

一个买法：指标共振+顺势（线上做多、线下做空）+信号

副图指标共振是"一个买法"的前提，当FF4和ZJLL指标同向时，共振成立。指标相对走得较快，因此一般情况下，首先出现指标共振，指标共振之后等待主图K线突破中轴线和变色信号，由此构成完整的"一个买法"条件。

主图出现顺势+信号，首先需要有同方向的K线变色信

号出现；在K线出现变色信号之后，需要中轴线和操盘线方向共振，同时严格执行线上做多、线下做空的中心思想，等待K线有效突破中轴线，以此确定"一个买法"条件成立。

三条纪律：布林轨收口或者窄箱体不做；FF4出现背离不能再次进场（不做第三波）；设置保本止盈线。

3. 操作细则图例

（1）一个买法（图3-3、图3-4）

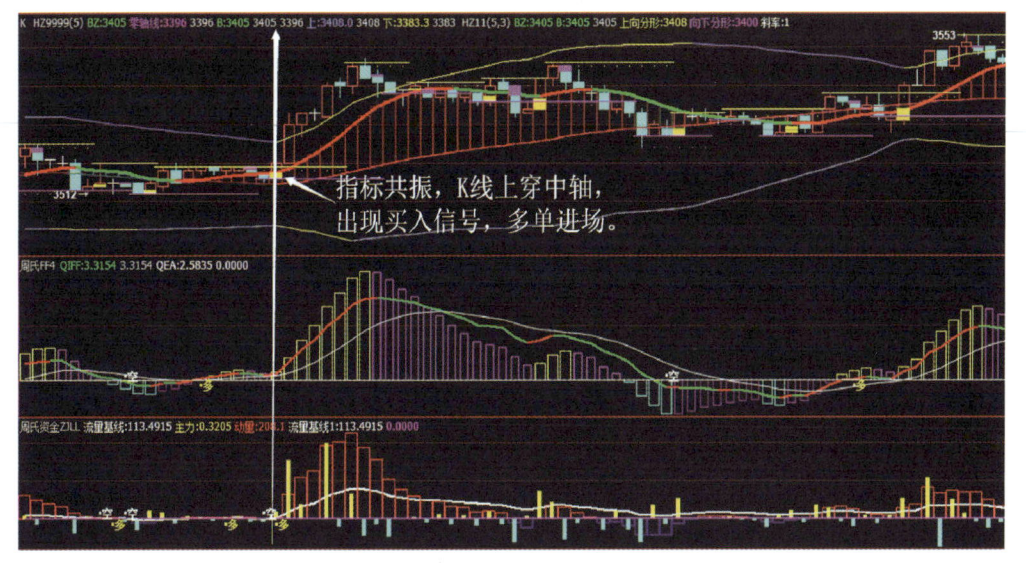

图3-3　指标共振+顺势（线上做多）+信号

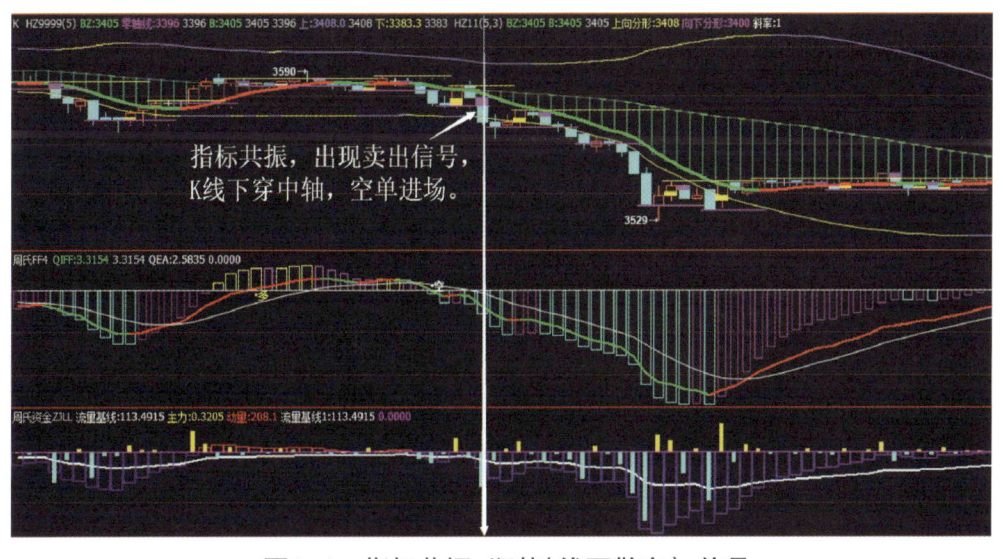

图3-4　指标共振+顺势（线下做空）+信号

(2)三条纪律

A. 布林轨收口或者窄箱体不做。

一般情况下,布林轨的上下轨分别是一个强有力的压力位和支撑位;在布林轨收口或者窄箱体的行情中,当K线突破中轴线时,距离布林轨的上下轨已经很接近,此时买入头寸的获利空间很小,如果一旦没有及时出场,还会出现由盈利转为亏损的情况(图3-5)。

B. FF4指标发生背离不做。

通常一波趋势形成的过程中都会走三波。在这里,不管走几波,只要FF4出现了底背离或者顶背离,就不能继续操作了(图3-6、图3-7)。

C. 设保本止盈线。

符合"一个买法"条件进场之后,需要设一个移动的跟踪保本止盈线。例如一开始买入之后,此时刚进场可以选择把止损线设在中轴上,如果价格打穿则止损继续等待机会;当价格向预期方向变动时,随着行情的变动,把止损线跟踪调整,可以调整到前期的平台或者操盘线上,如果价格把平台或者操盘线击穿,说明趋势可能要反转了,此时平仓继续等待机会(图3-8)。

随着每一次调整止损线,止损就变成了跟踪止盈。这个线的最大好处是可以在保证前期平台利润的前提下拿得住单,而且不会造成巨额亏损,一旦方向反了就止损,等方向看清了再进,看不清就不进(图3-9)。

(3)一个平仓方法:出现K线变色信号平仓。

当持有多单时,如果出现K线顶部紫色信号,则要平多单出场;当持有空单时,如果出现K线底部黄色信号,则要平空单出场(图3-10、图3-11)。

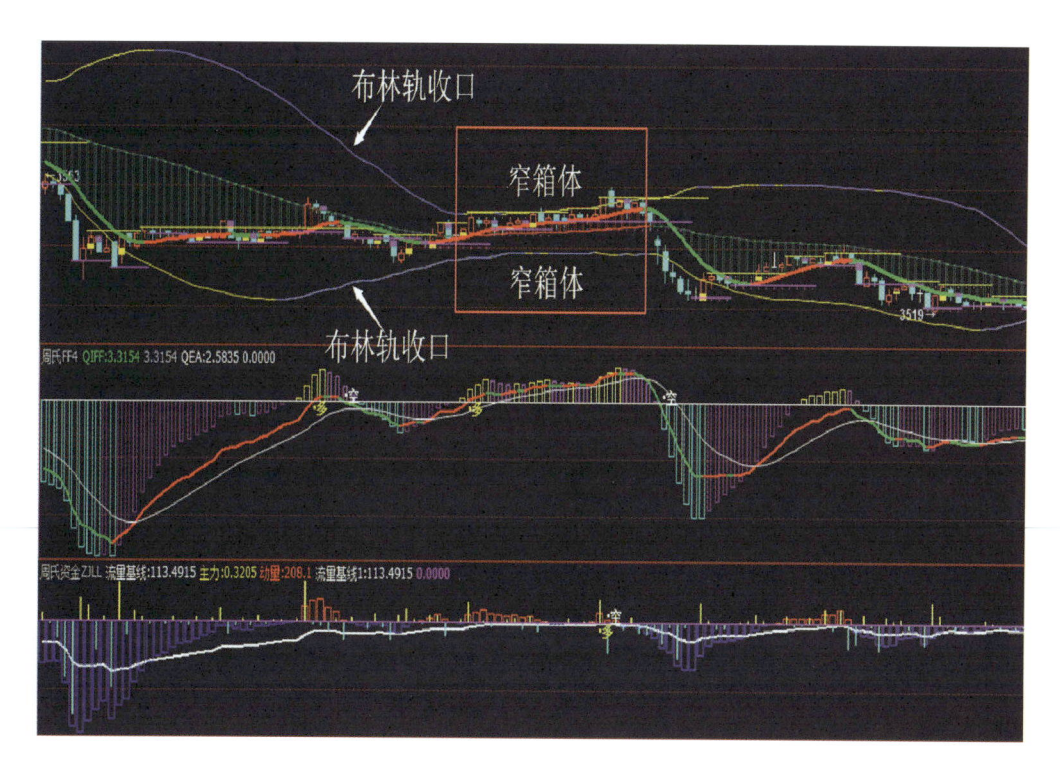

图3-5　三条纪律A布林轨收口或者窄箱体不做

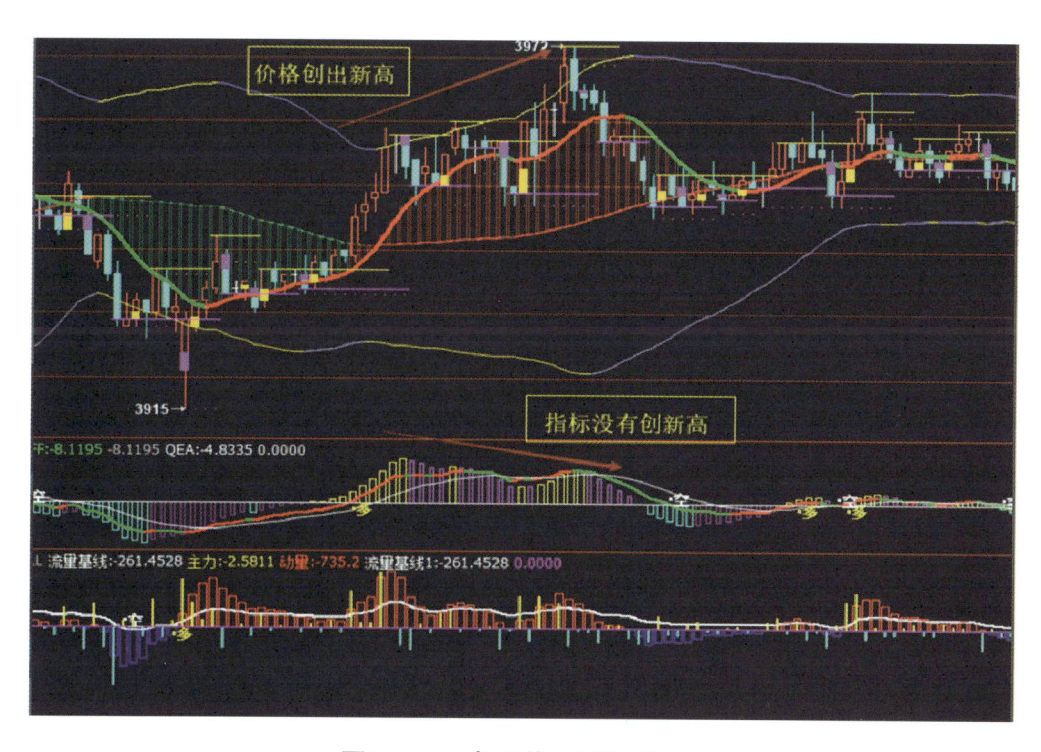

图3-6　三条纪律B顶背离不做

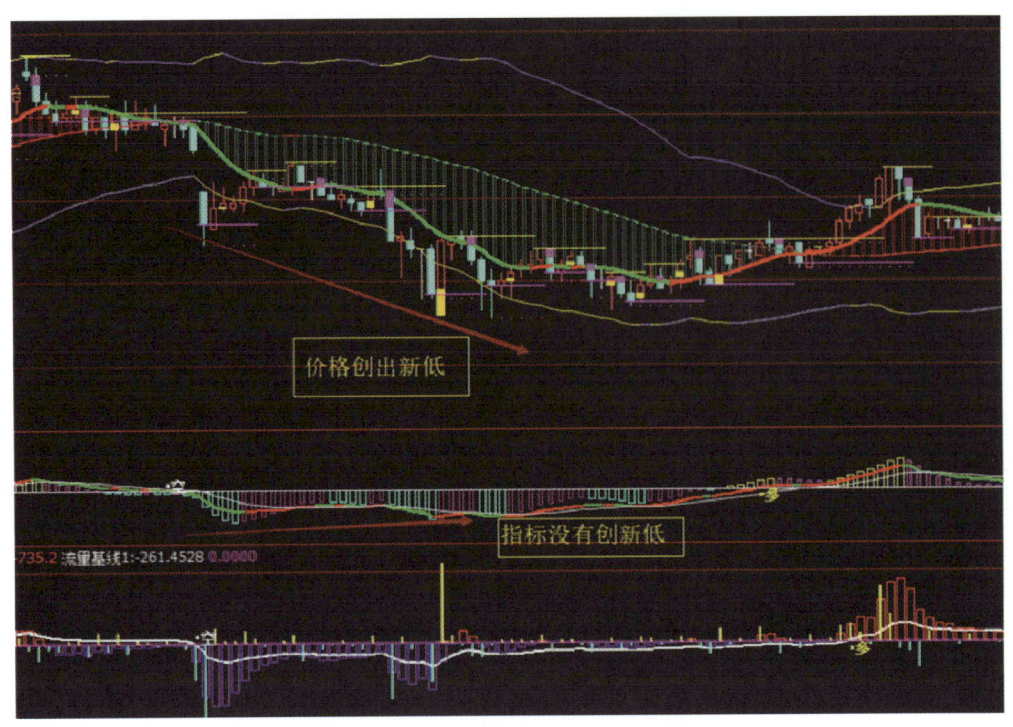

图3-7　三条纪律B底背离不做

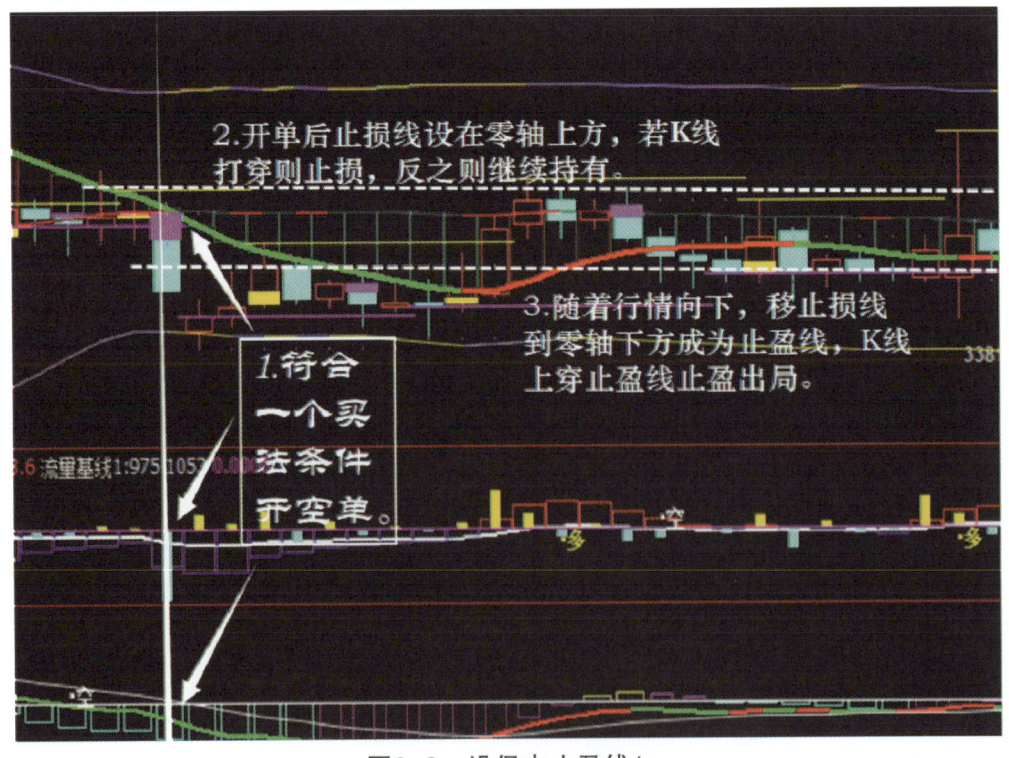

图3-8　设保本止盈线1

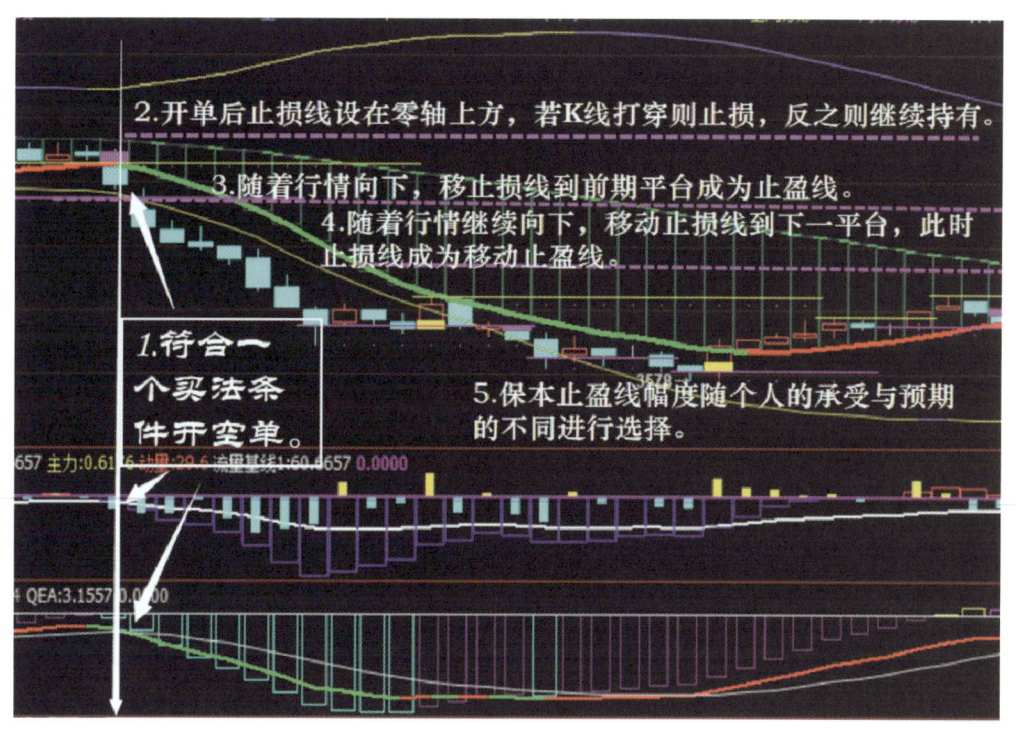

图3-9 设保本止盈线2

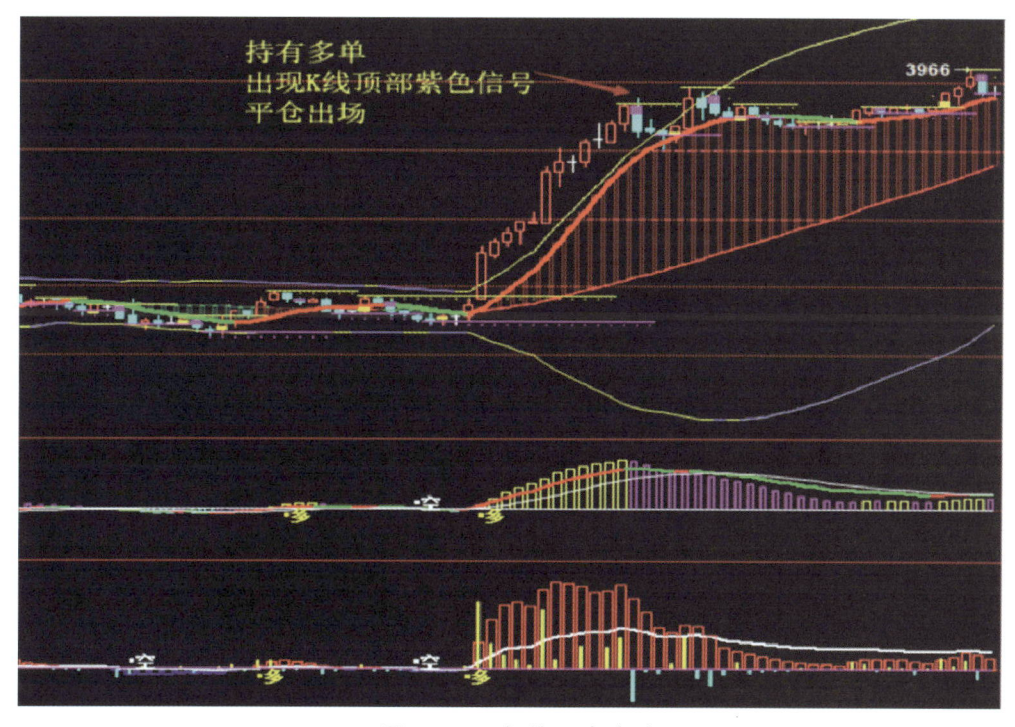

图3-10 多单平仓方法

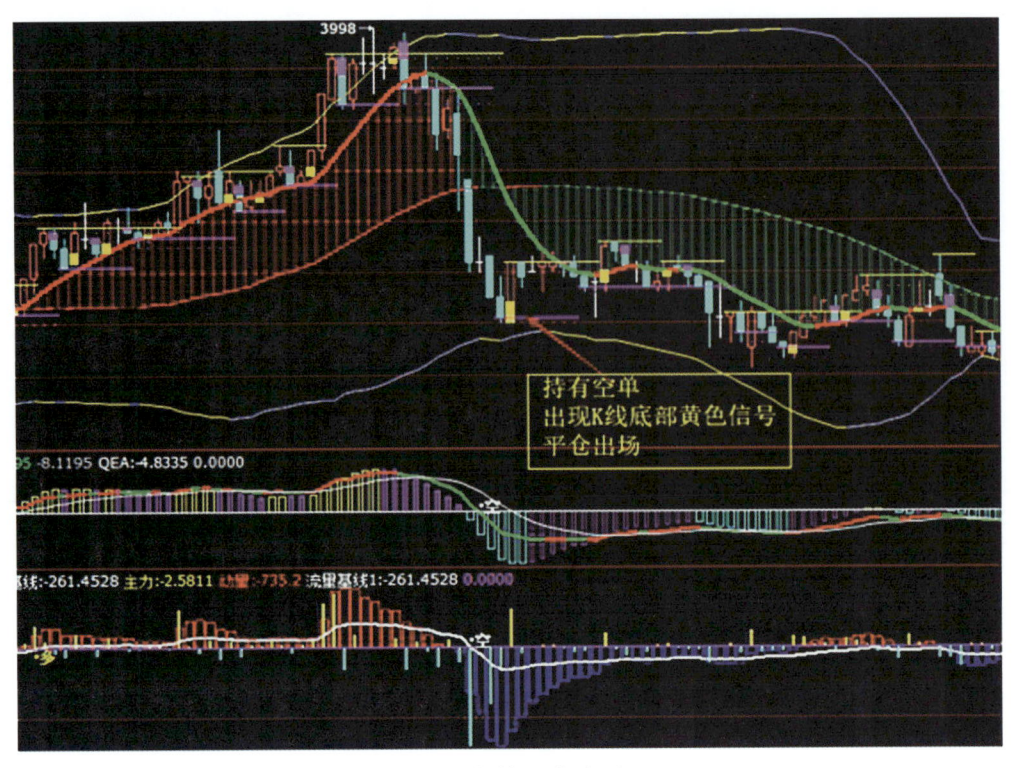

图3-11 空单平仓方法

第二节
"傻瓜"模式

一、指标与规则介绍

这套模式是一个最简单的模式,我把它叫作"傻瓜"模式。

"傻瓜"模式,是一种精准操作,有"123"规则。"123"规则是一个什么样的东西呢?

我们首先来看"傻瓜"模式的基本页面设置。它是一个主图和三个副图,三个副图分别是:①周氏FF4,类似MACD的一个指标;②ZJLL22(资金流量),后面我们再详细介绍这是什么指标;③是JJ指标,类似KDJ指标(图3-12)。

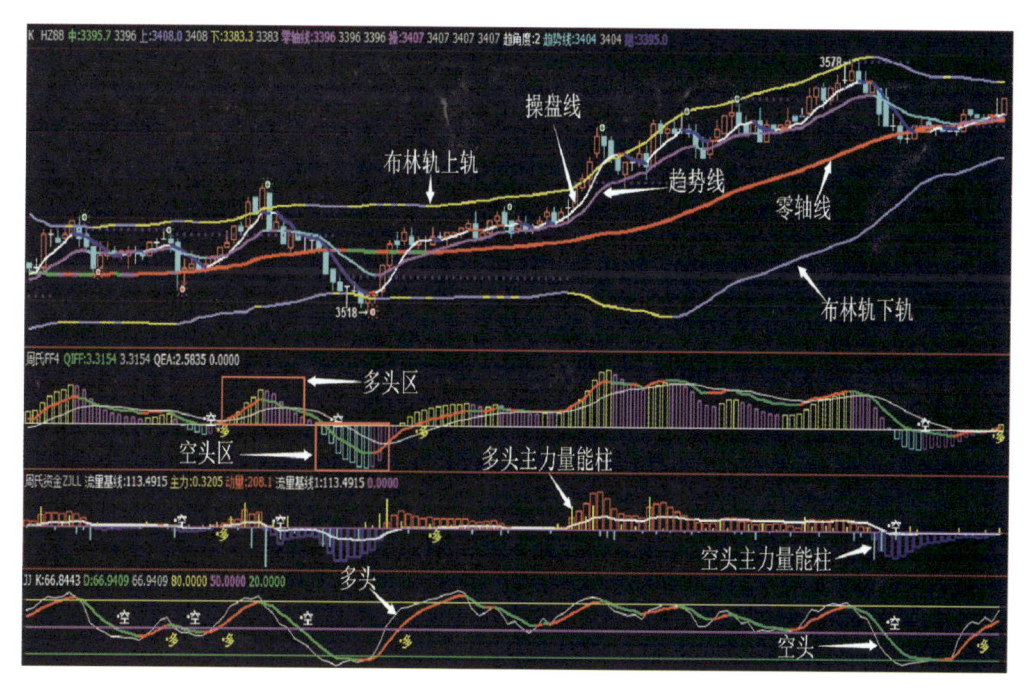

图3-12 傻瓜模式页面的图示

1. 主图指标设置：HZ88

HZ88是操作系统的主图指标，里面包括零轴线、趋势线、操盘线和周氏布林轨。零轴线变成红色，趋势线变成紫红色，操盘线变成黄色，视为上涨趋势的信号，为多头区；零轴线变成绿色，趋势线变成浅蓝色，操盘线变成深蓝色，视为下跌趋势的信号，为空头区；零轴线、趋势线和操盘线相互缠绕，且颜色凌乱，视为震荡趋势的信号，为震荡区。周氏布林轨开口时，上下轨相继变成黄色，行情发起；周氏布林轨收口时，上下轨同时变成蓝色，行情开始收窄，进入震荡行情(表3-1)。

表3-1 主图三线颜色说明

指标		指标线	多头指向	空头指向	过渡阶段
主图	HZ88	布林轨	-	-	-
		零轴线	红色	绿色	-
		操盘线	白色	深蓝色	紫色
		趋势线	紫红色	浅蓝色	-

2. 附图指标设置

（1）FF4指标：在0轴上方代表多头趋势，在0轴下方代表空头趋势，分为"多、空"两个区，指标线有两根，分别是快线和慢线，当指标线快线变红并且上穿中轴线、量能柱在中轴之上时，为多头区；指标线快线变绿且下穿中轴、量能柱在中轴之下时，为空头区。

（2）ZJLL指标：在0轴上方黄色量柱表示主力多头，在0轴下方蓝色量柱表示主力空头，是量能指标的变异，用0轴线把量能划分为多空区域，以及把多空主力做了区分。黄柱代表多头主力资金量，蓝柱代表空头主力资金量，操作时主要看量能的变化来确定上涨或下跌的势头。此指标用于看资金流量线，关注逃跑的机会。

（3）JJ指标：分为快线和慢线，快线上穿慢线形成金叉，是多头进场点；快线下穿慢线形成死叉，是空头进场点；在80线附近是超买区，在20线附近是超卖区。JJ形态出现背离是行情反转的信号。

基本指标了解之后，我们再介绍详细的傻瓜模式的规则：一个买点，两条纪律，三个平仓点。

二、买点介绍

1. 一个买点

回到主图，实际上有一点儿操作基础的人都看得出来，就是一个布林轨加两条线。这个布林轨是周氏超赢期货系统中一个个性化设置的布林轨，与其他软件或系统中的均有不同，第一是它会变色，第二是它的参数和其他布林线参数都不一样。另外，我又加了两条不同周期的均线，分别称为操盘线和趋势线。蓝颜色、白颜色中间有一个紫颜色的过渡色，是操盘线；紫色、浅蓝色变化的是趋势线；它的中轨同时也是周氏超赢期货系统中的零轴线；这个线和FF4零轴线、资金流量零轴线、JJ指标50中线都是同步的，四条线都作为一个基准，可以用来确定方向，线上做多，线下做空。

但是要想实现真正的盈利，这里面有一个关键点，大家在操作的时候应该有一个体会。如果买点掌握得好，单子拿着是非常舒服的；有时候即使方向做对了但是买点不好，单子拿着是非常难受的。这个关键点就是买点，买点很重要。有些人刚进去是赚钱的，最后却是亏钱出来的，就是买点不好。即使趋势做对了，买点不好也容易被套。

在这套系统中，买点只有一个，就是指标共振，三线变色。

（1）第一个条件指标共振。指标是什么呢？是每一个时期价格在不同位置的一个图形，所以价格在先，指标在后。

资金流量是什么指标？实际就是成交量，在这套系统中，我把成交量的多头和空头分开了。如果此时K线是向上走的，那么资金应该是多头主力发动进攻，这个时候（指标）就变成红色；同理，指标变成蓝色的时候就是空头主力开始发动进攻。在FF4我们只能看到每一根整体的量柱，量大量小，是放量还是缩量。在资金流量里，我把多头和空头分开了，黄色是多头主力，蓝色是空头主力，为了更明显，我将主力的指标夸张地突出了，更有效地用来参考。如图3-13所示。

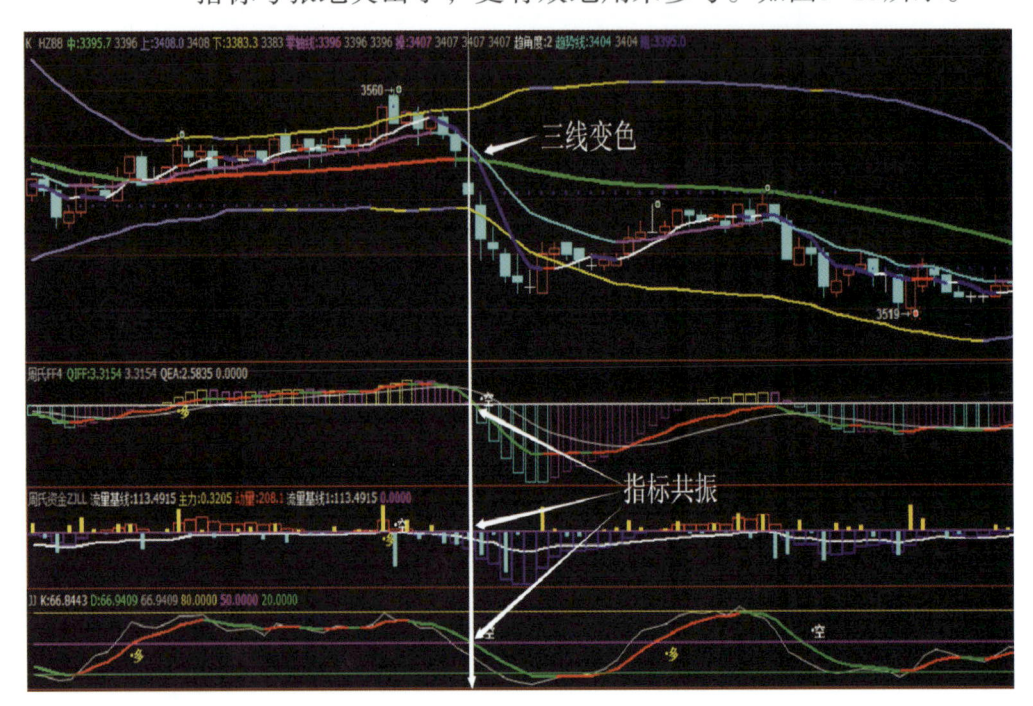

图3-13 傻瓜模式指标共振、周期共振图示

(2)第二条件是三线变色。三线变色是什么意思呢？三线，即是主图的操盘线、趋势线、零轴线。这三线参数不同，快慢不同，代表不同的周期。零轴线红色是多头指向，绿色是空头指向。因此如果三线共振指向同一个方向，即三线变色，那么，当指标共振与三线变色（周期共振）同时出现即是傻瓜模式中的一个买点规则。如图3-14所示。

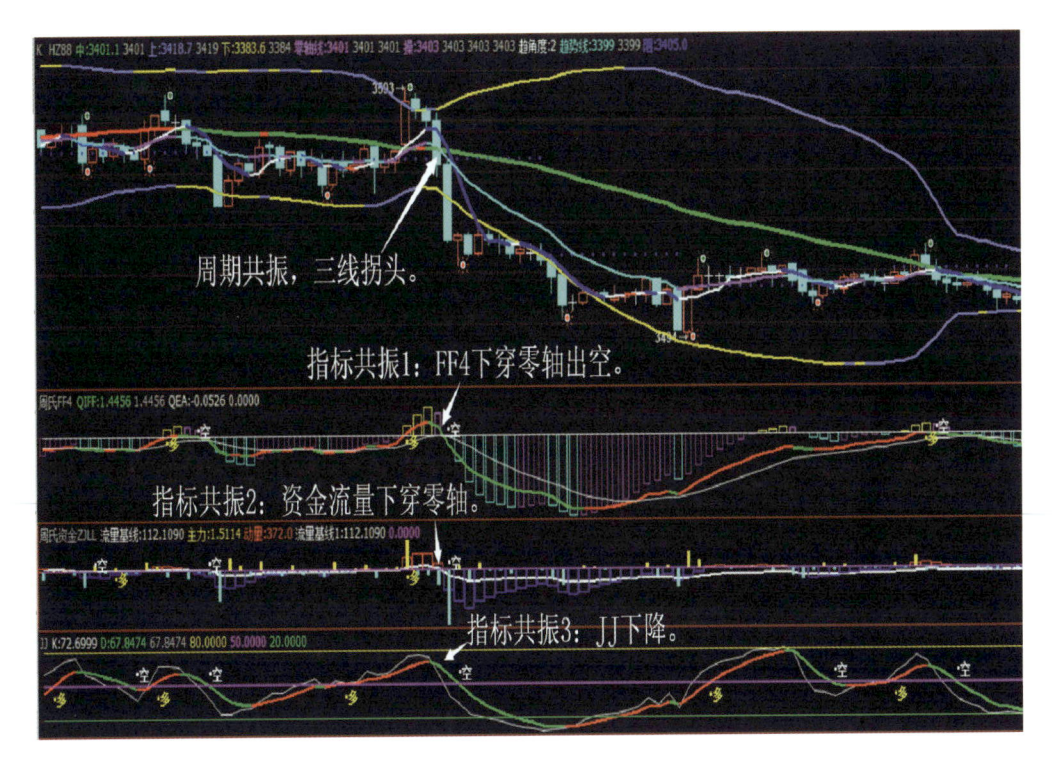

图3-14 傻瓜模式一个买点图示

2. 两条纪律

(1)纪律一：设置跟踪止盈线。

符合"一个买点"条件进场之后，需要设一个移动的跟踪保本止盈线。

例如一开始买入之后，此时刚进场可以选择把止损线设在零轴上下，如果价格打穿则止损继续等待机会；当价格如预期方向变动时，随着行情的变动，把止损线跟踪调整，可以调整到前期的平台或者均线上，如果价格把平台或者均线击穿，说明趋势可能要反了，此时平仓继续等待机会。

随着每一次调整止损线，止损就变成了跟踪止盈。这个线的最大好处是可以在保证前期平台利润的前提下拿得住单，而且不会造成巨额亏损，一旦方向反了就止损，等方向看清了再进，看不清就不进。

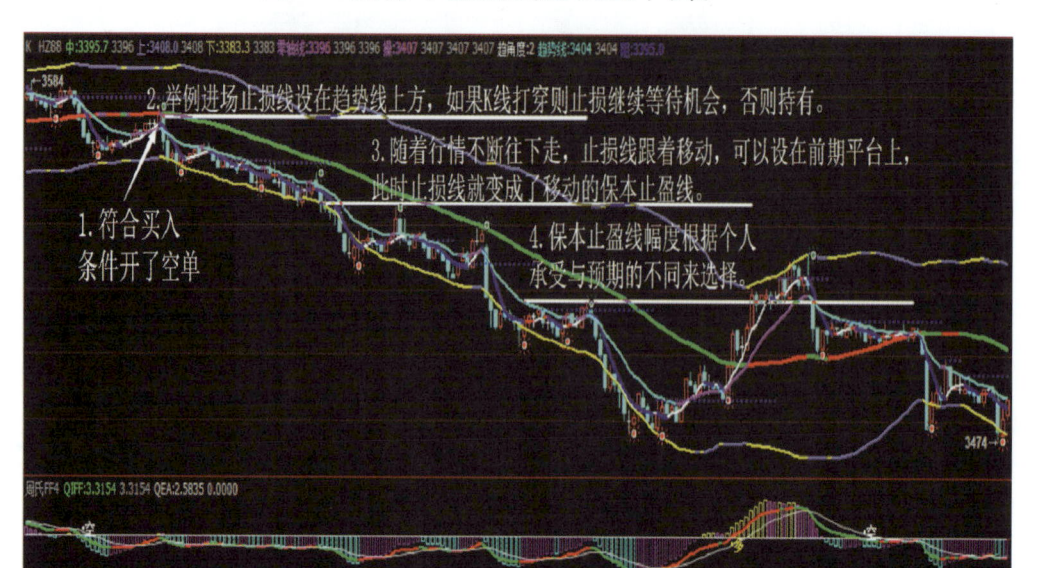

图3-15是保本止盈线的设置举例。

图3-15 止盈平台设置图示

跟踪止盈线设置的重点在于选择止盈平台。当价格突破了一个平台并且站稳之后,此时原来平台的压力线突破后便成为支撑线,原来的压力作用越强,则突破之后支撑也越有效,因此,及时设置跟踪止盈可以有效锁住利润,避免造成巨额亏损。

(2)纪律二:FF4指标发生背离不做。

通常一波趋势形成的过程中都会走三波,在这里,不管走几波,只要FF4出现了底背离或者顶背离,只要背离就不能继续做,如图3-16和3-17所示,顶背离:价格创新高,指标没有创新高;底背离:价格创新低,指标没有创新低。

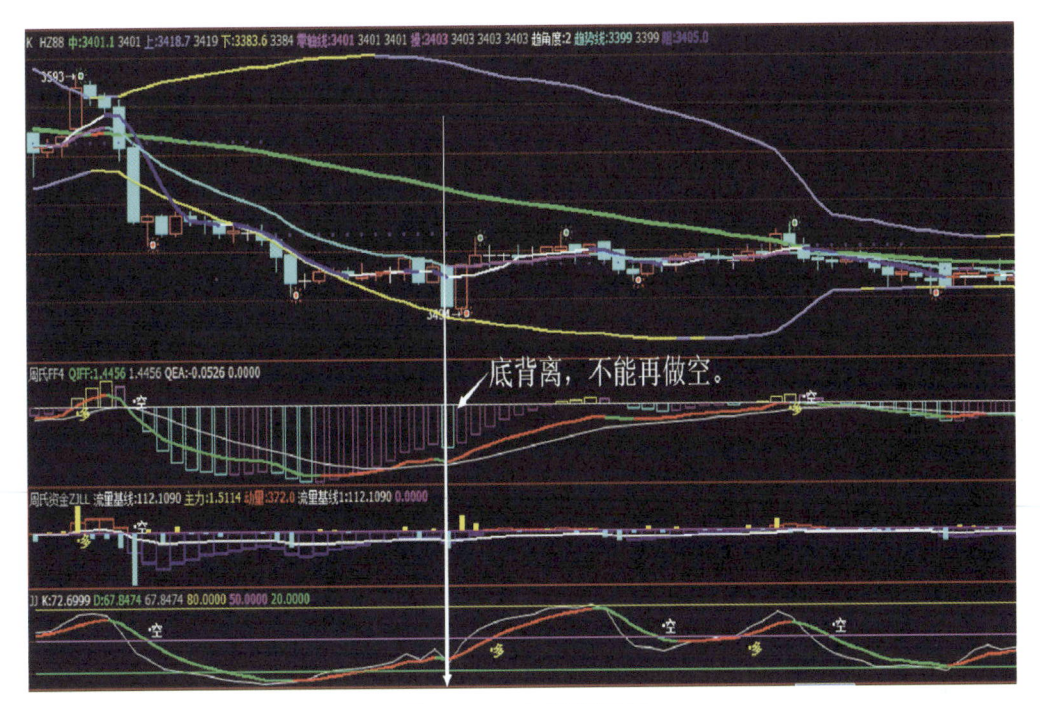

图3-16 底背离图示

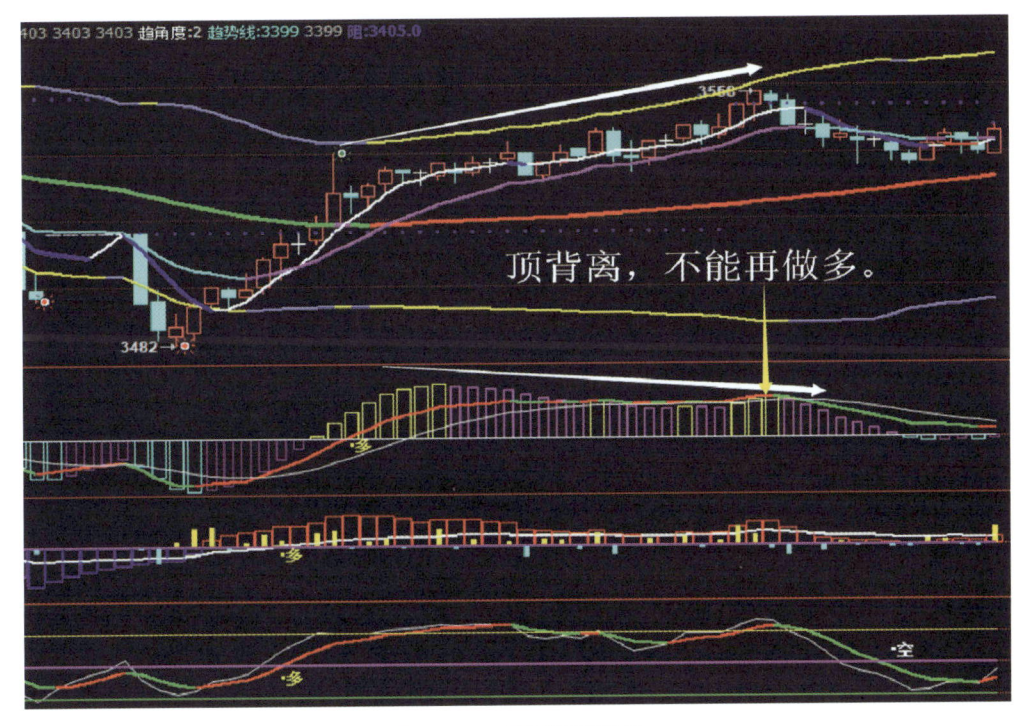

图3-17 顶背离图示

3. 三个卖点

（1）卖点1：当K线出了布林轨后又回到布林轨内，这是一个卖的条件。

以图3-18多单为例，符合"一个买法"持有多单后，当K线出了布林轨后又回到布林轨中，此时是卖点1。

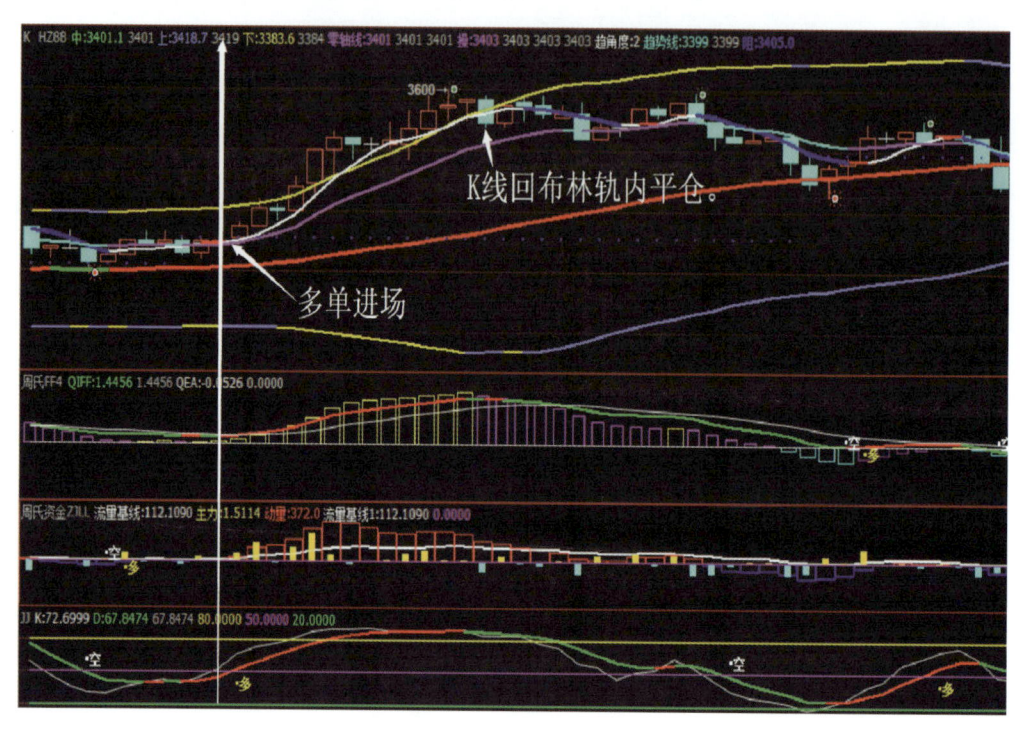

图3-18 【卖点1图示】

（2）卖点2：K线下穿（多单）/上穿（空单）操盘线。

以图3-19空单为例，当K线下穿了操盘线，回到操盘线上面来，此时也是一个平仓条件。

（3）卖点3：布林轨变色。

以图3-20中空单为例，在下跌趋势行情的时候，布林轨开口，开口说明有趋势，收口表明进入横盘势，一波下跌中，我们看上轨，上轨变色，这也是一个平仓点。

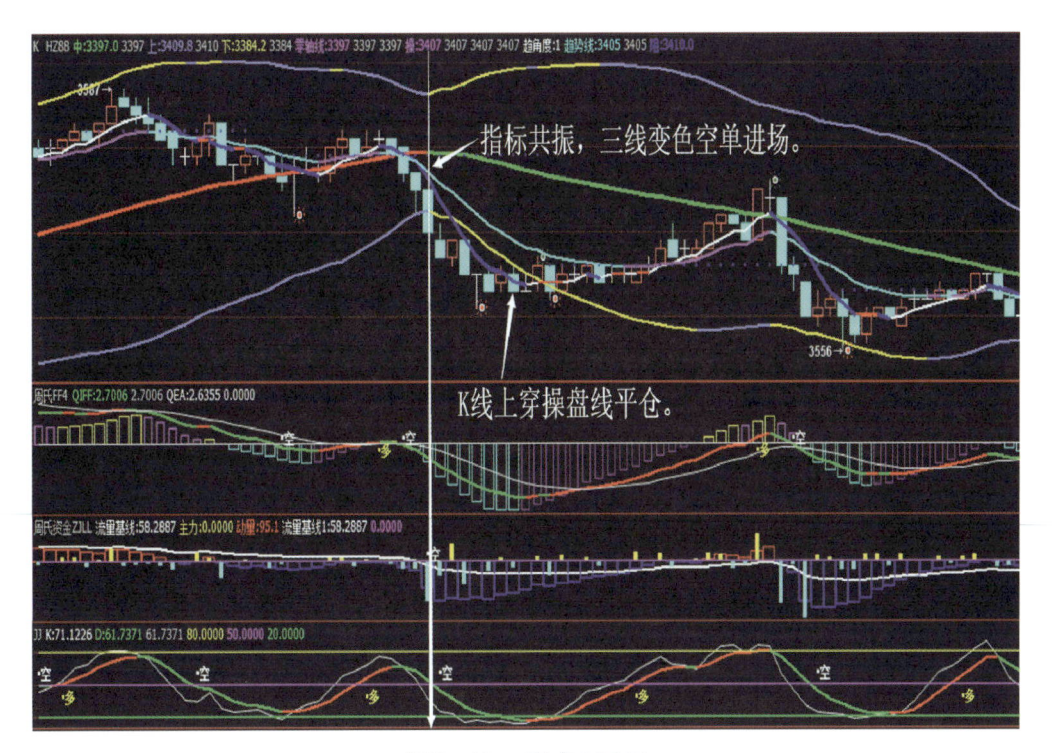

图3-19 卖点2图示

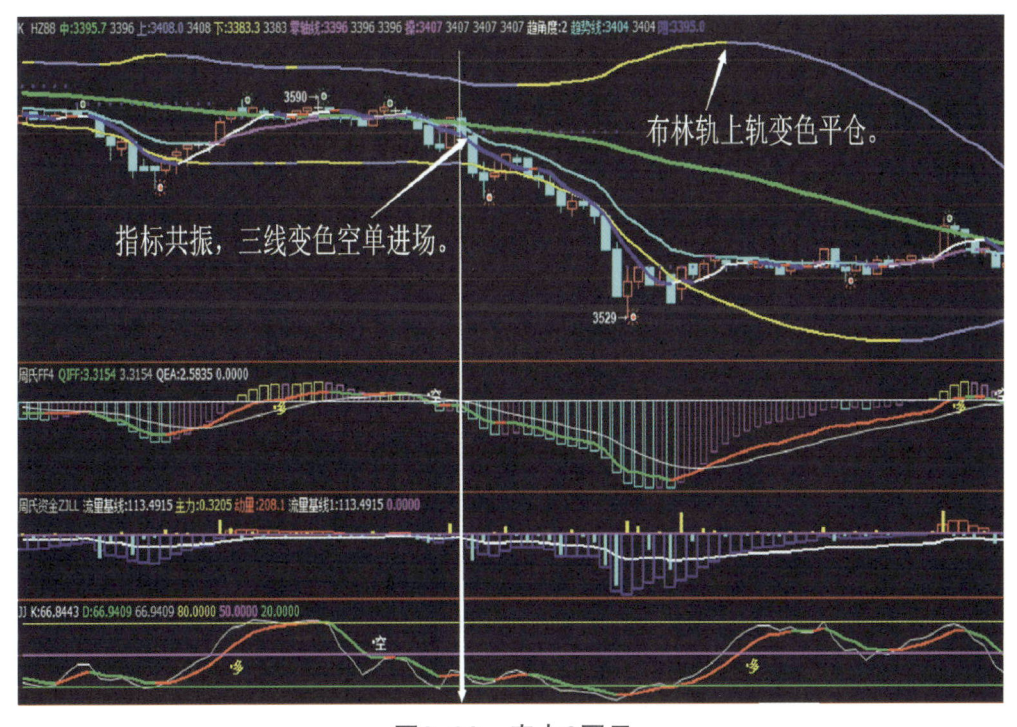

图3-20 卖点3图示

三、应用技巧

布林轨的辅助判断功能。

本系统使用的布林轨为周氏超赢期货系统特定布林轨，该指标线的特点：①变色直观，②稳定性强。本系统除了基本的"123"原则外，主图指标线布林轨亦可以作为判断行情的一个辅助条件，具体表现在以下几个方面。

1. 布林轨上下轨作为趋势行情与震荡行情的区分

布林轨上下轨的开口与收口可以作为对行情的一种辅助判断。布林轨上下轨形成开口状，尤其是喇叭状开口且颜色均变黄，说明是一波趋势行情的形成，如图3-21所示。此时布林轨上下轨喇叭状开口，K线在布林中轨之下，说明此时指向一波空头趋势的形成，是开空指向。

相反，如果布林轨处于收口，上下轨颜色蓝色或者颜色不一致时，说明此时行情处于盘整区，可操作性低。如图3-22所示，布林轨处于收口状态，K线在中轨附近震荡，收口越窄，震荡幅度越小，可操作性越低，此时若盲目进场则会造成不必要的亏损。

2. 布林轨中轨作为多空分界的指向作用

当行情在布林轨内震荡，布林轨中轨可以作为多空分界线的参考标准之一。当价格在中轨之下，说明重心指向空头。相反，价格在中轨之上，重心指向多头，如图3-23箭头处，结合布林轨上下轨同时开口变色，此时价格在中轨之上，重心多头，是做多条件；而进场后价格符合3个卖点之一，则是平仓条件。即布林轨上下轨作为是否有行情可操作的辅助判断，而中轨则是对操作方向的辅助判断条件。

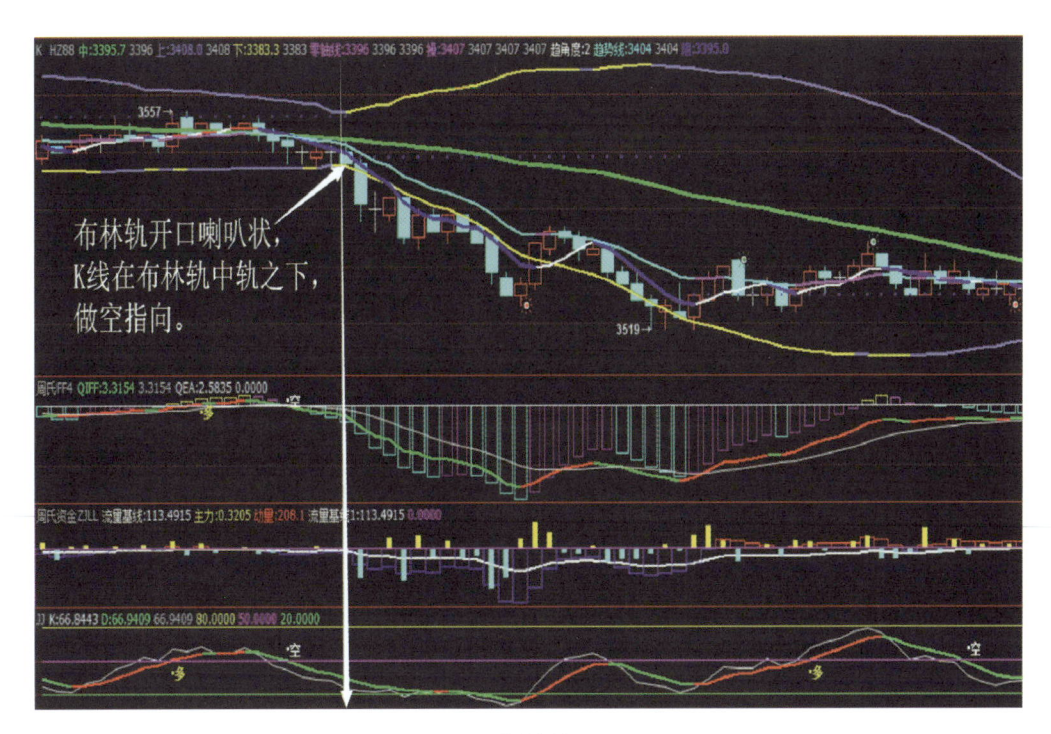

图3-21 布林轨开口图示

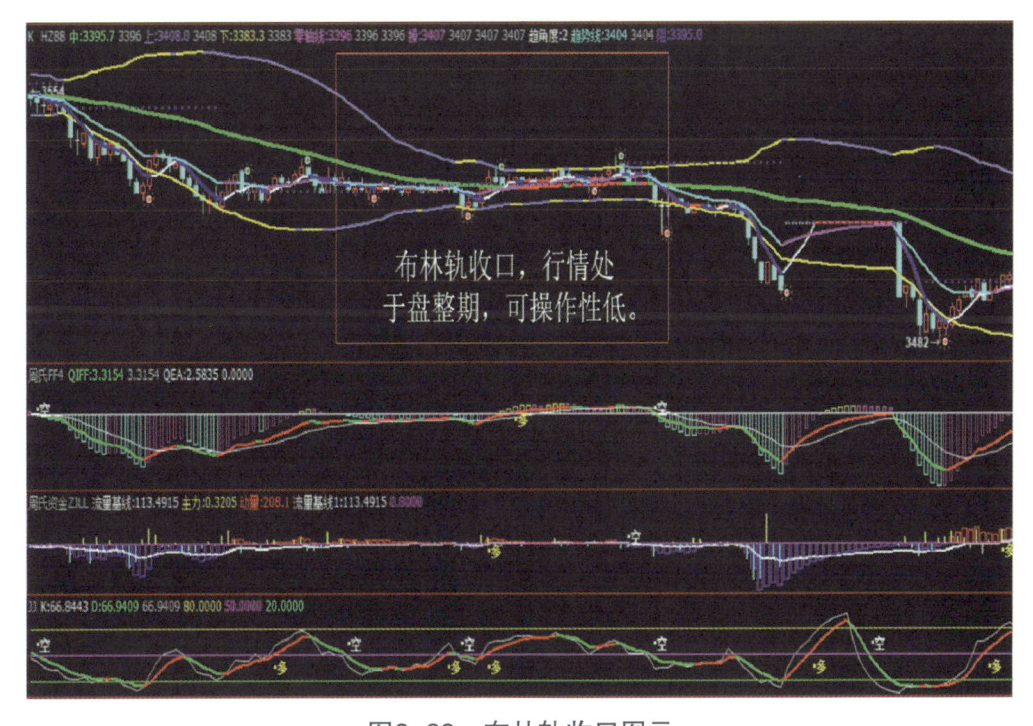

图3-22 布林轨收口图示

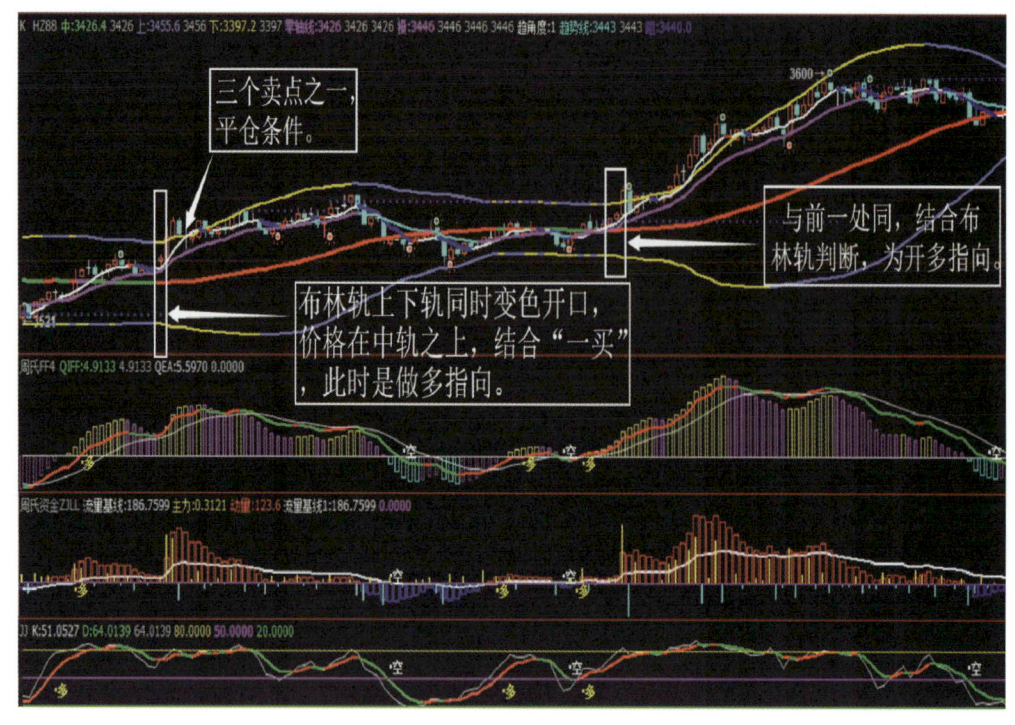

图3-23 中轨多空分界图示

3. 布林轨上的斐波那契数字规律

可以把斐波那契数规律(0、1、1、2、3、5、8、13、21……)应用到布林轨上，即K线突破布林轨的根数可以看斐波那契数规律。此技巧可用于协助判断，操作主要还是按系统中的基本原则进行。如图3-24，K线在布林轨外走8根K线后回到布林轨中。

4. 不同行情下判断重点的区别

市场分为震荡行情与趋势行情，其中大约70%的时间处于震荡，只有30%左右的时间有明确的单边趋势行情。处于不同行情中，判断的参考条件与侧重各有不同。

(1)震荡行情常用判断方法：镜像。

在震荡行情中，镜像方法是较为直观有效的一种判断方法。镜像属于图形学上的判断方法，在震荡行情中随处可见，操作方法即：看左边做右边，如图3-25所示。

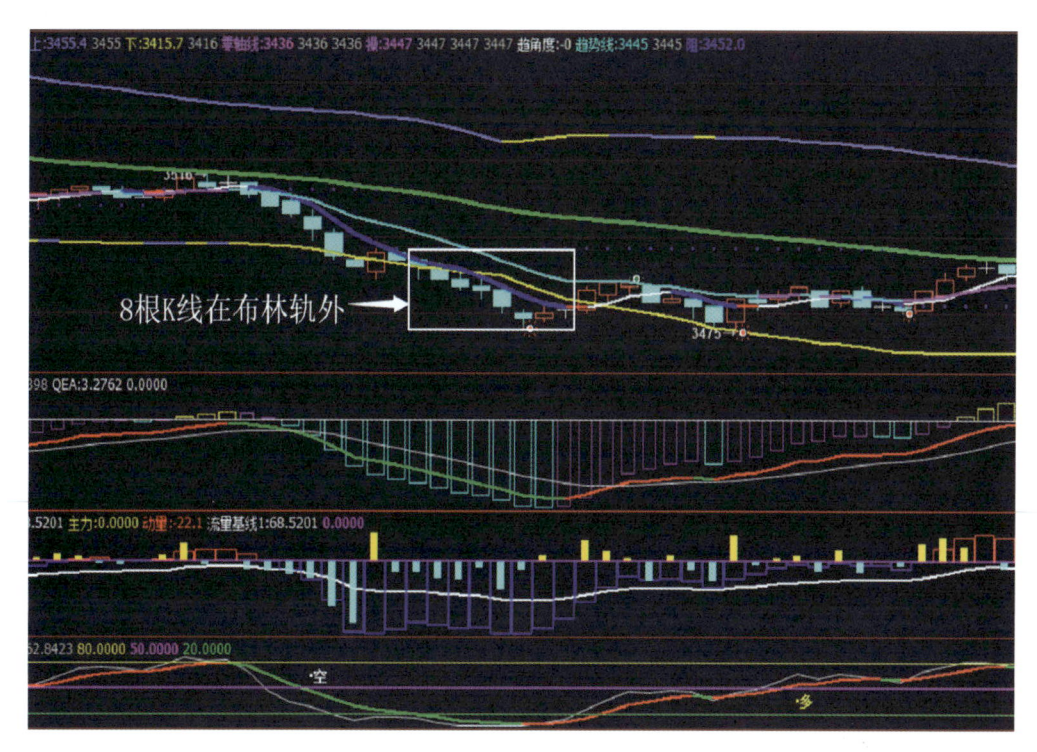

图3-24 斐波那契图示

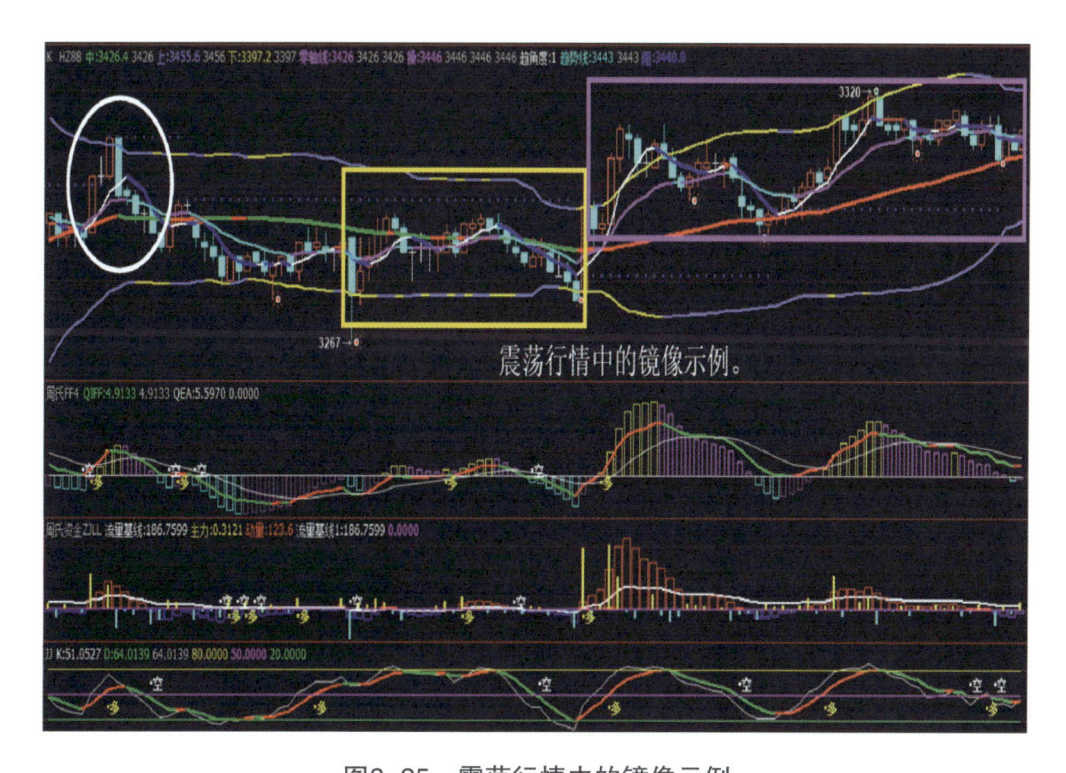

图3-25 震荡行情中的镜像示例

(2)趋势行情的三波结构。

在趋势行情中,完整的大波趋势中通常由小三波组成。三波判断属于结构学结合图形的判断方法。三波中,每一波结构组成均为:主升/跌浪与调整浪,其中调整浪分为ABC段调整。根据主升/跌浪的幅度确认一波的三一位、二一位与三二位,调整浪在三一位的表明为强势调整,趋势强劲;到二一位为震荡调整,是选择方向的调整波段;调整到三二位则有可能化解前一波趋势转为反向趋势。在幅度上,以第一波为参照,第二波幅度通常为第一波的1.38~1.62倍左右,第三波通常与第一波等幅;在指标的量上,第一波量较第二波量弱,第二波量上表现最为强劲,第三波量通常与第二波量稍有背离,如果第三波量发生严重背离也有可能启动失败。因此,除了对三波理论结构上的掌握外,还需结合系统的指标进行判断(图3-26)。

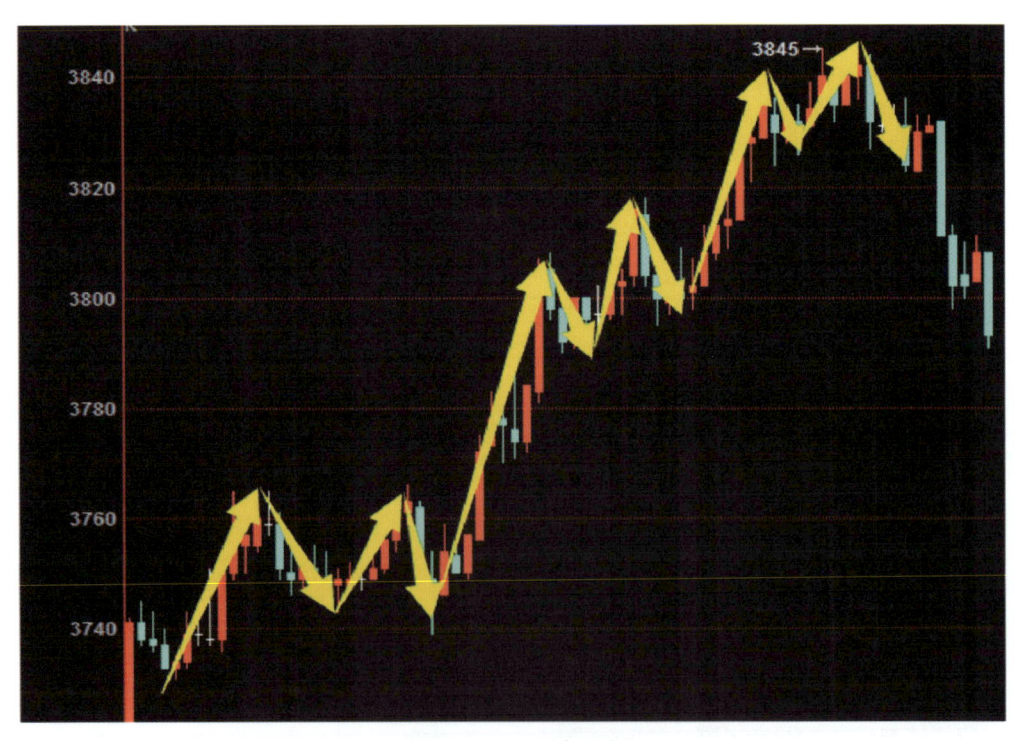

图3-26 三波示例

在趋势行情中，根据"傻瓜"模式"123"的买卖原则，在实际操作中，需结合三波判断选择可行的二次买点。如图3-27所示，在图中上涨三波中，每一波的起点附近均可用"一个买法"原则进场，每一次进场后结合"两条纪律"与"三个平仓法"出场。因此每做完一波出场后，再碰到下一波的启动，仍可按照"一个买法"原则进行二次买入。在趋势行情中，利用对三波理论的理解与掌握，结合"傻瓜"模式"123"原则进行操作，便可以尽可能抓住每一波行情。

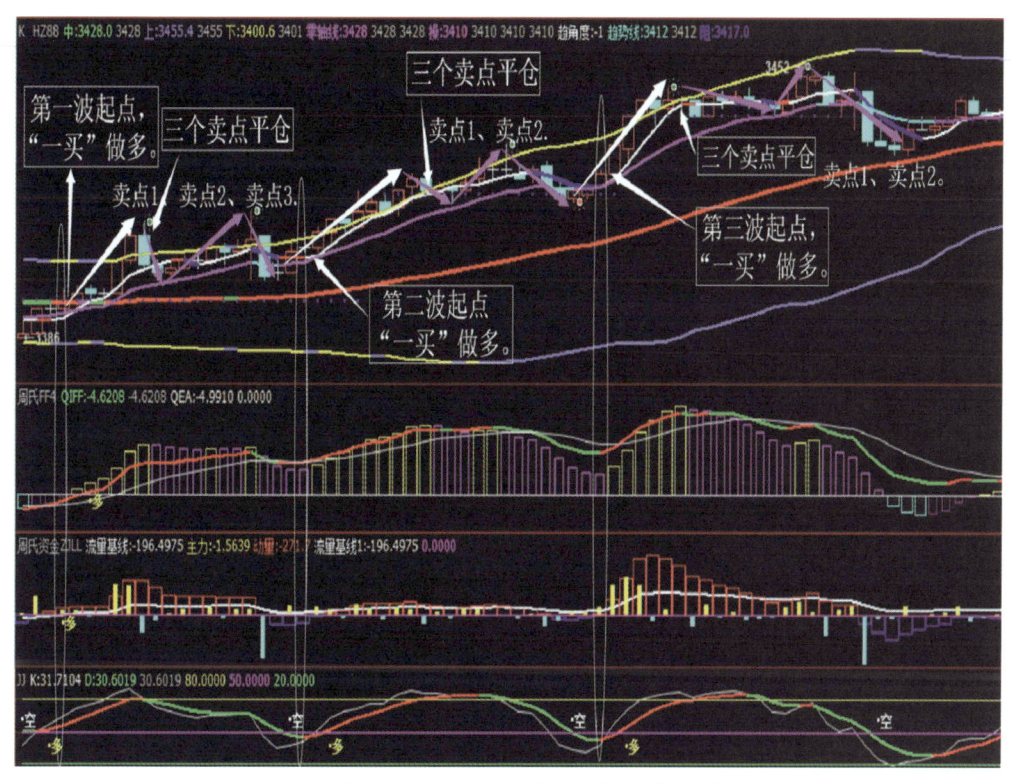

图3-27 三波行情的"123"操作

四、总述

综上，"傻瓜"模式主要包含内容如表3-2。

表3-2 "傻瓜"模式"123"总述

"傻瓜"模式"123"	
一个买法	主图三线周期共振，前提是副图指标共振
两条纪律	设保本止盈线
	FF4指标发生背离不做
三个平仓法	K线出布林轨又回到布林轨内
	K线出操盘线又回到操盘线
	布林轨变色

需要注意的是，"一个买法"两个条件强调同时满足，与此不同的是，"三个平仓法"不要求三个条件同时满足，只要有一个条件符合即可，且此三个条件不分主次先后。

由此，以上内容就构成了"傻瓜"模式"123"的全部内容，一个买法、两条纪律、三个平仓法。这套系统经过测试，收益率也是很高的，并且是目前来看比较易于理解的一种模式，且易于操作。从指标上来看，这套系统的特点是用不同颜色反应变化，较为直观。这种模式看似简单，但是对人的执行力要求比较高。如果执行不到位，可能错过一些机会甚至出现做错的情况。因此，最重要的是要保证操作人的执行力。

第三节
彩色K线模式

周氏超赢期货系统彩色K线模式是一个稳健的操作模式。它在量化的基础上，应用"量、价、时、空"的原理，选用"指标共振+信号"的买入方法，使得开仓更加稳妥、确定；规避了横盘震荡中的不确定因素，使胜率大大提高。因是用5、15、60分钟周期做短线交易，使得收益率大幅提升。周氏超赢期货系统彩色K线模式旨在帮助投资者提高胜率，操作者根据多空信号作为买入警示信号，根据K线颜色辨别买入方向，就可以把握正确的买入头寸，根据K线与"止盈止损线"交叉做卖出，买卖清晰，易于掌握。用好此操作模式的关键在于熟悉此模式的指标和应用，严格执行操作纪律，准确把握住买入、卖出的头寸，就能实现超预期的盈利。

一、指标介绍

主图：CK、神奇线（SQX），副图：F2、周氏资金ZJLL1——

1. 主图指标设置：CK、SQX（图3-28）

CK（彩色K线，是副图指标，可与其他指标搭配应用）是主图的操作指标，里面包括止盈止损线、价格线、零轴线（布林中轨）、多空信号以及箱体线。其中K线颜色有三种：红色代表上涨，绿色代表下跌，白色代表观望。

SQX（神奇线）是主图的参考指标，信号比较灵敏，神奇线波动则表示即将有行情出现或即将变盘,起到预警作用,神奇线横线有较强的支撑或压力。

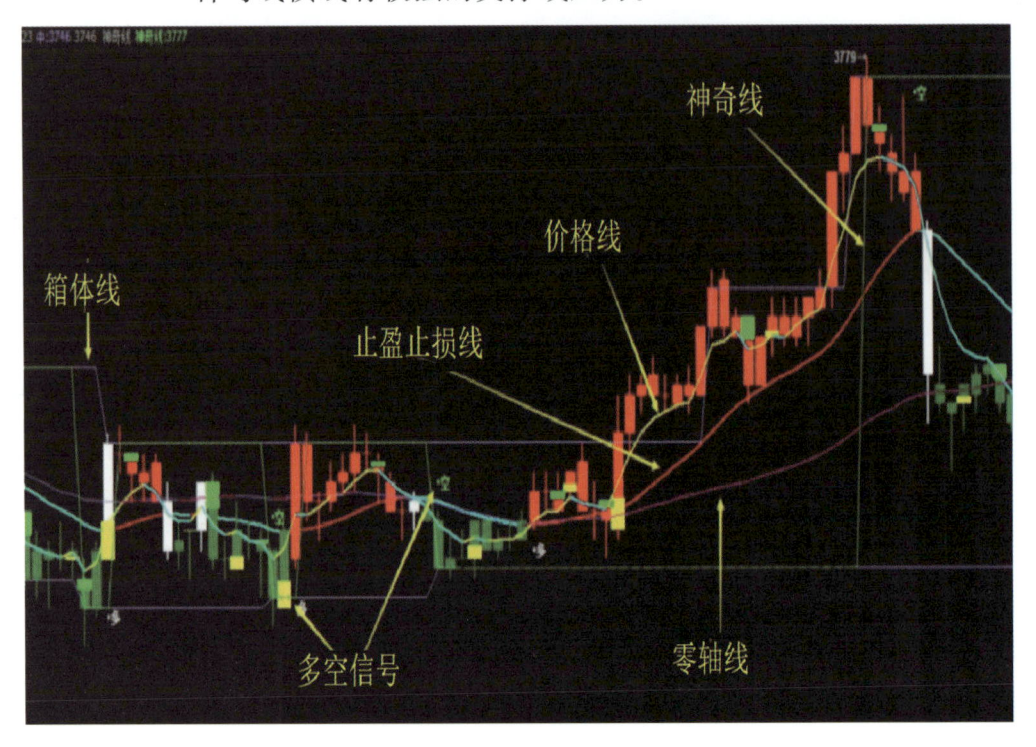

图3-28 CK的主图指标

2. 副图指标设置:F2、ZJLL1——

F2指标(在0轴上方代表多头趋势,在0轴下方代表空头趋势):分为"多、空"两个区,图中也会出现"多、空"字样的提示指令;指标线有两根,分别是快线和长期线,当指标线快线变红且上穿中轴线并与白色线形成剪刀差,为做多信号;指标线快线变绿且下穿中轴并与白色线形成剪刀差,为做空信号。图中较细的红绿变色线为长期线,作为参考(图3-29)。

ZJLL1——指标:是量能指标的变异,是用0轴线把量能划分为多空区域,图中也会出现"多、空"字样的提示指令(图3-30)。

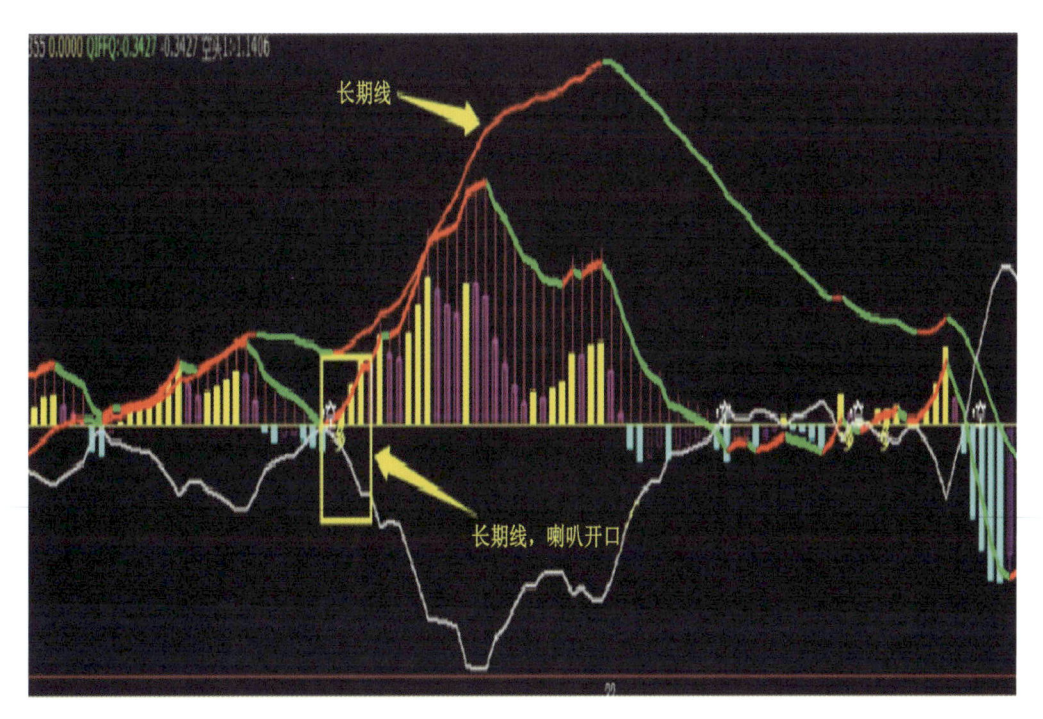

图3-29　CK的副图指标F2

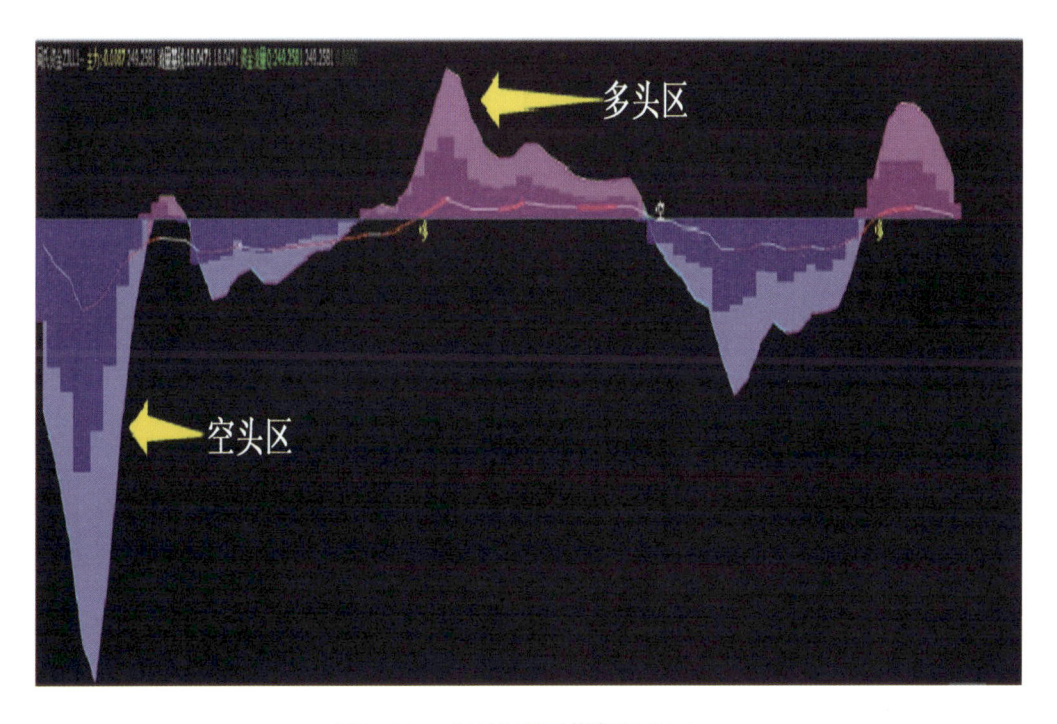

图3-30　CK的副图指标ZJLL1--

二、操作方法(以做多为例)

1. 买入条件

买入条件为主图副图指标共振(图3-31)。

主图CK做多条件：①价格线与止盈、止损线交金叉，②K线变红，③出现信号"多"。

副图F2做多条件：①零轴之上，②黄色攻击量放量，③趋势线变红。

副图ZJLL1--做多条件：零轴之上。

2. 卖出条件

①出现"空"预警，②主图价格线下穿止盈、止损线(图3-32)。

平仓：有大信号和小信号。平仓小信号是做超短，做多时，当K线上方出现绿色，平仓，出黄再买进；平仓大信号直接看"多、空"字而定，操作者可根据趋势的大小，强弱来选择平仓信号(图3-33)。

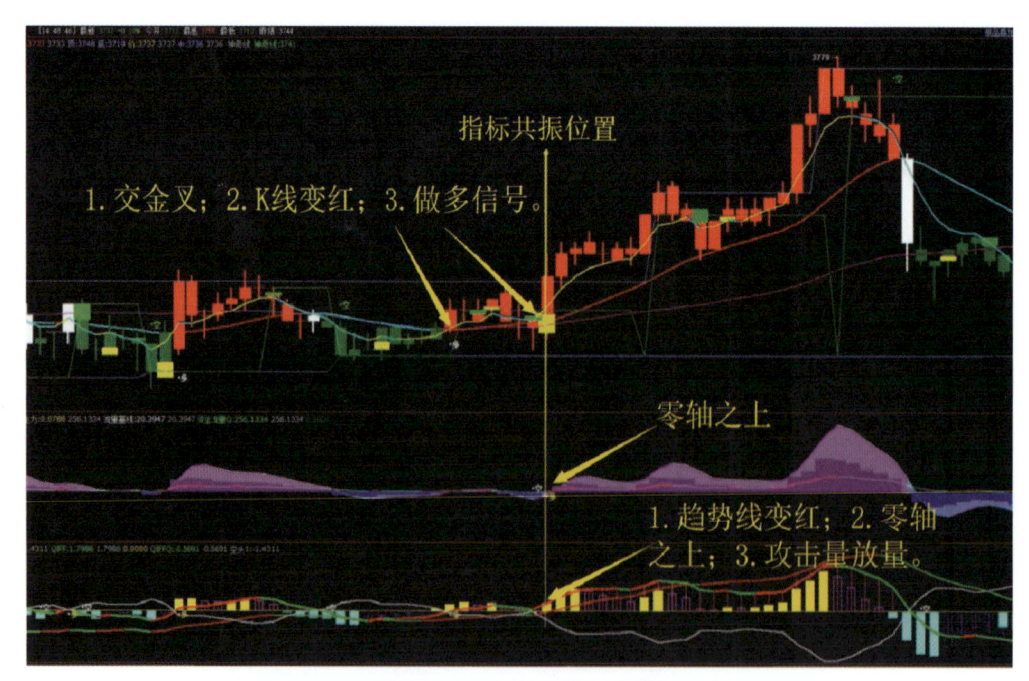

图3-31 CK的买入条件

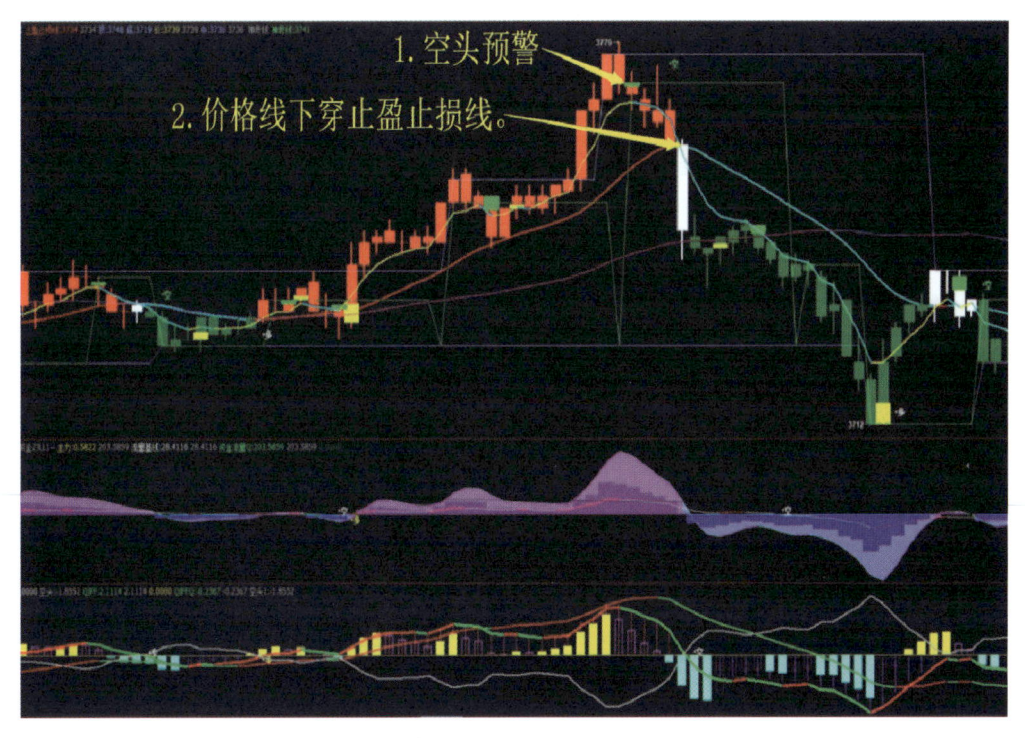

图3-32　CK的卖出条件

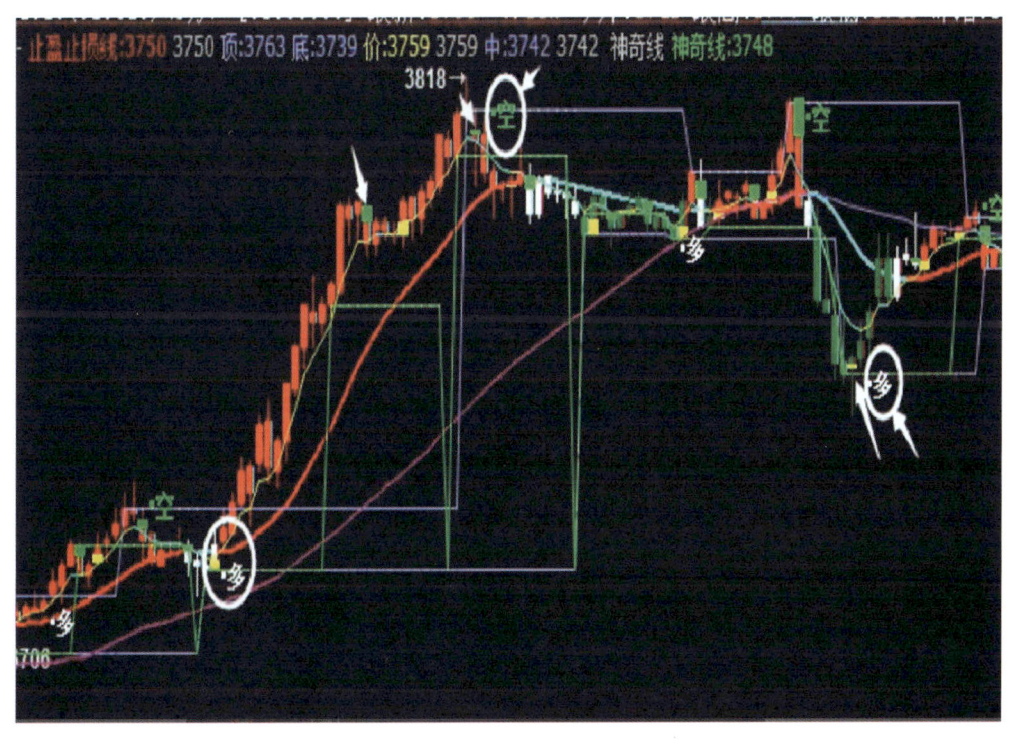

图3-33　CK的平仓条件

三、操作纪律：横盘不做

过滤横盘的方法：①箱体过窄，②零轴走平，③量价背离，④周期背驰，⑤均线黏合(图3-34)。

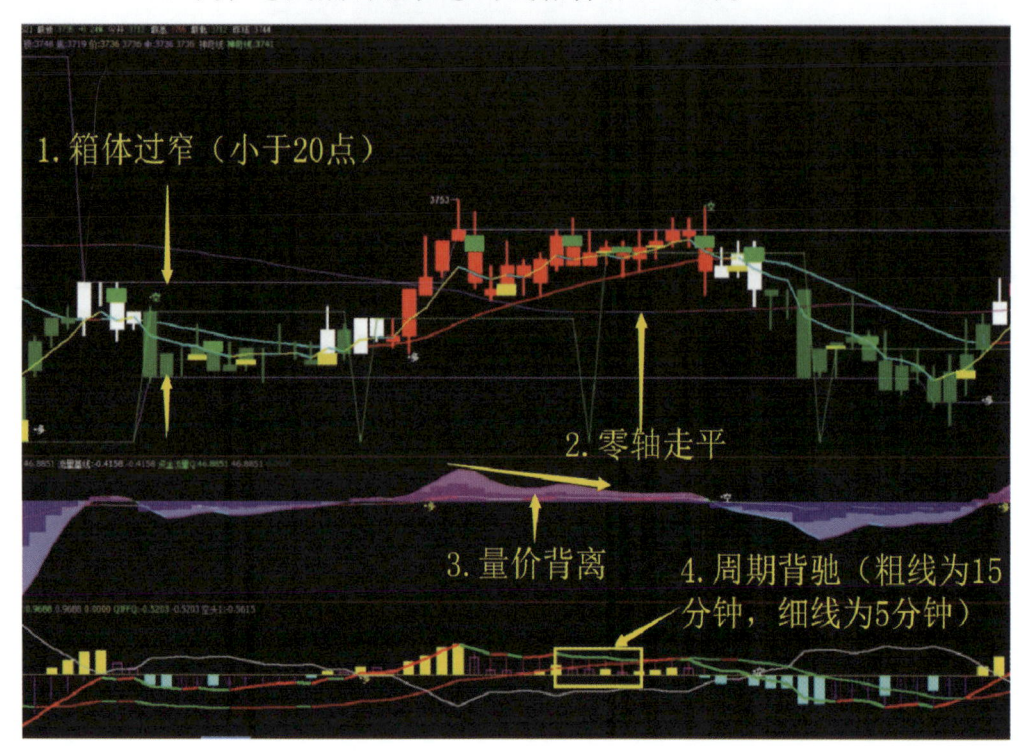

图3-34 CK的操作纪律

四、其他技巧

①周期共振，则出现大行情(图3-35)；②突破神奇线压力，则出现大涨；③均线发散，大行情来临；④没有明显的B浪，大概率走镜像；⑤宽箱体大概率走镜像，横盘区间80%走镜像(图3-36)。

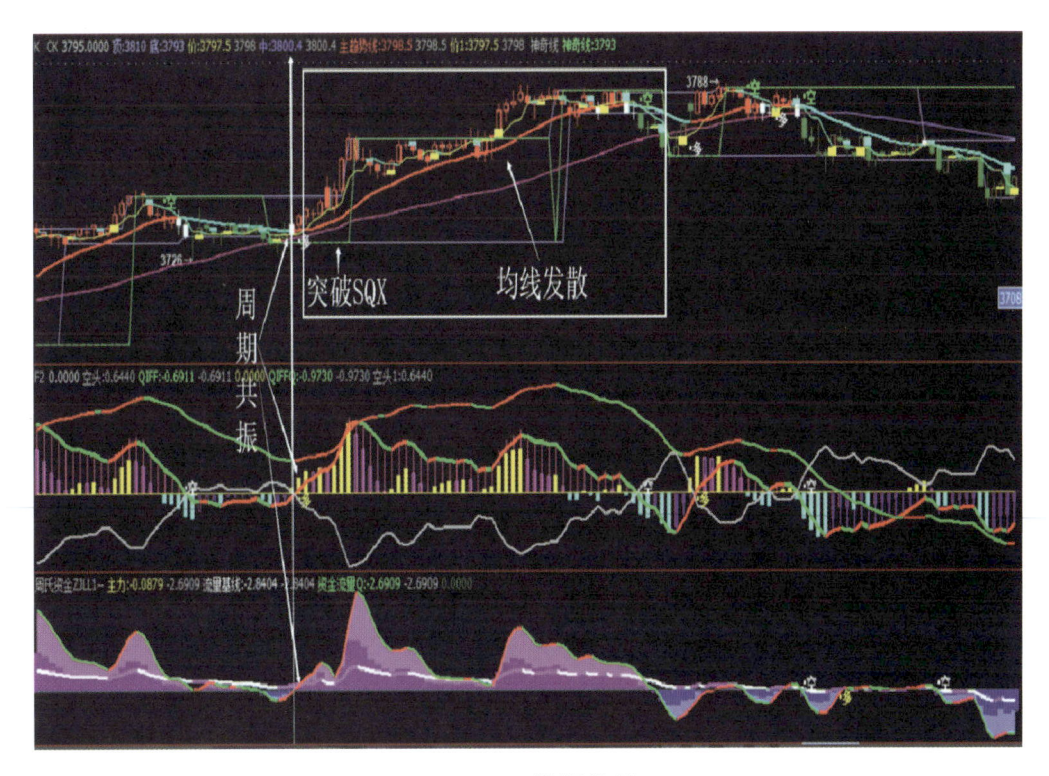

图3-35　CK的操作技巧1

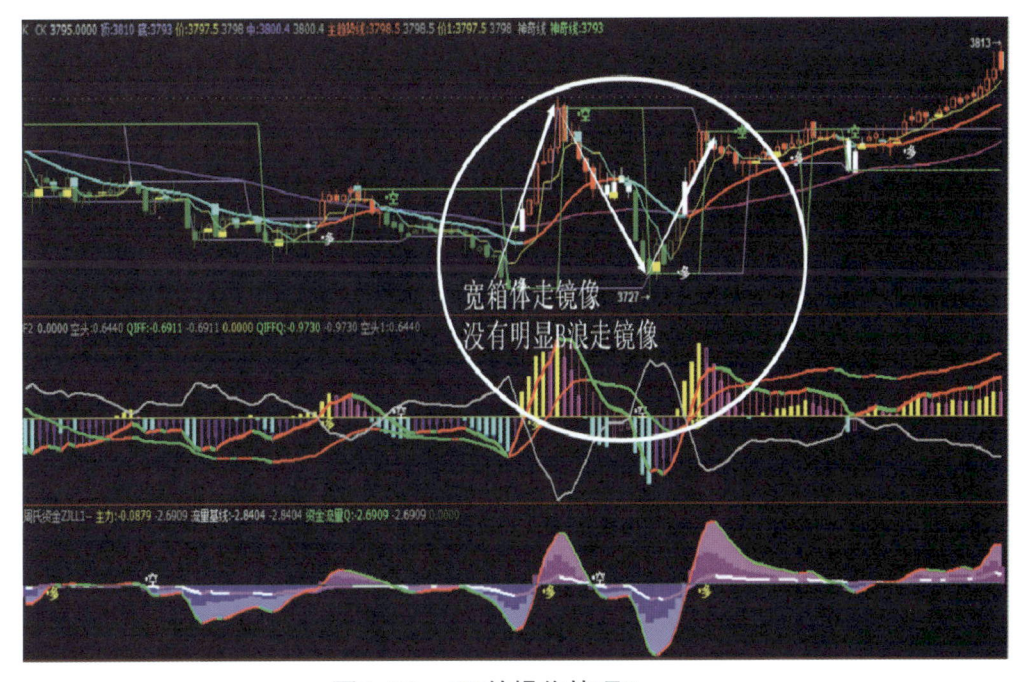

图3-36　CK的操作技巧2

第四节
极简模式

极简模式是一种更简洁，更清晰的模式。该模式是以0轴线定多空区，高手在空头区可做短多，多头区可做短空，融合了30倍、60倍的技术，能更好地掌握市场的节奏和结构，达到超赢的效果。

一、指标介绍

主图：TWR(宝塔线)、HZ555、HZ11--，副图：X5、F2-1。
1. 主图指标设置：TWR(宝塔线)、HZ555、HZ11--

TWR(宝塔线)分为红色和蓝色K线，红色K线做多，蓝色K线做空。特点：①K线颜色会延续，②凡是在出现拐点时会出现二平顶(平底)、三平顶(平底)、四平顶(平底)，这时就有可能变盘，比K线更清晰、明了、有规则，避免了K线的毛刺。③在趋势形态中，K线若没有上穿或下穿该趋势形态的1/3位，为超强式，趋势还会延续，避免了在操作中拿不住单的情况(图3-37)。

HZ555由二条可自动变化的均线箱体线、0轴线、操盘线、价格线组成。

箱体线，上为压力线，下为支撑线，二条箱体线根据成交量决定波动率，波动率越大，上下空间越大；波动率越小，上下空间越小。

0轴线分为红色和绿色，用来进行趋势的划分，0轴红

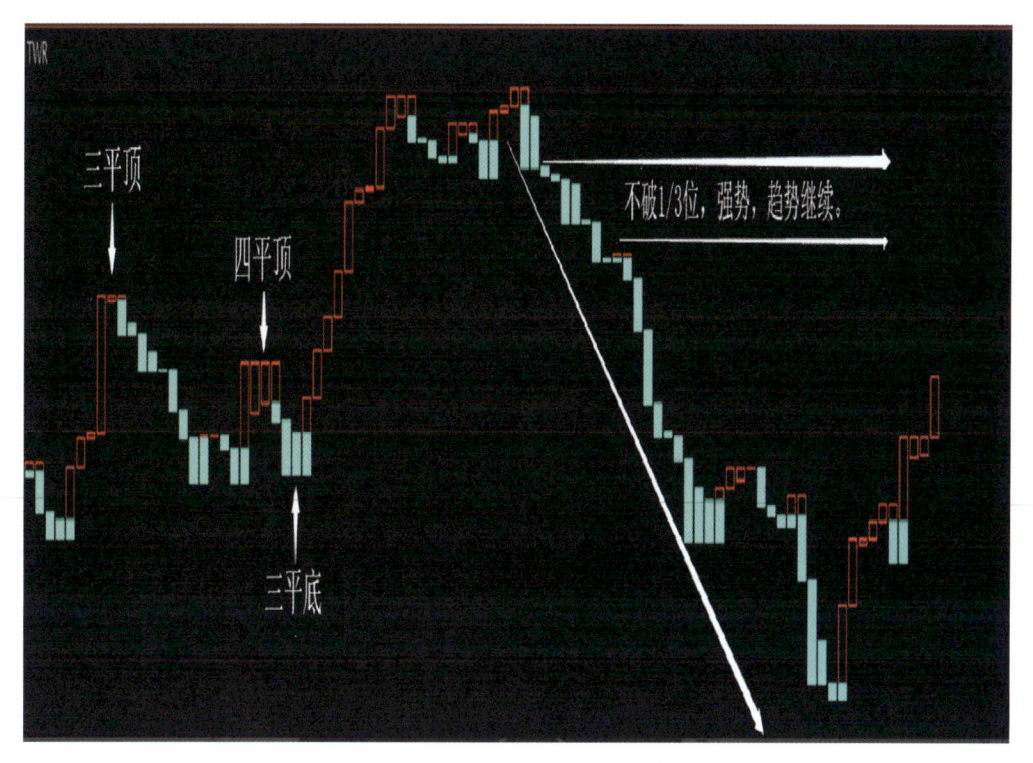

图3-37 TWR(宝塔线)简介及特点

色,线上做多;0轴绿色,线下做空。当0轴线走平时不做。

操盘线分为黄色和蓝色,黄色上涨,蓝色下跌,当均价发生拐点时,操盘线变色,可根据操盘线的颜色进行操作,把握头寸。

价格线为白色虚线,是一条实时价格线。当价格线在K线之下时,K线往下走;当价格线在K线之上时,K线往上走。当K线往上走或往下走突破上压力位或下支撑位时,可择机入场(图3-38)。

HZ11--为变色K线,是进出场的信号K线,有大信号(多、空字),小信号(K线变色)。当K线在趋势线之上,黄色底K线为多单进场信号,紫色帽子K线为平仓信号;当K线在趋势线之下时,紫色帽子K线为空单进场信号,黄色底K线为平仓信号(图3-39)。

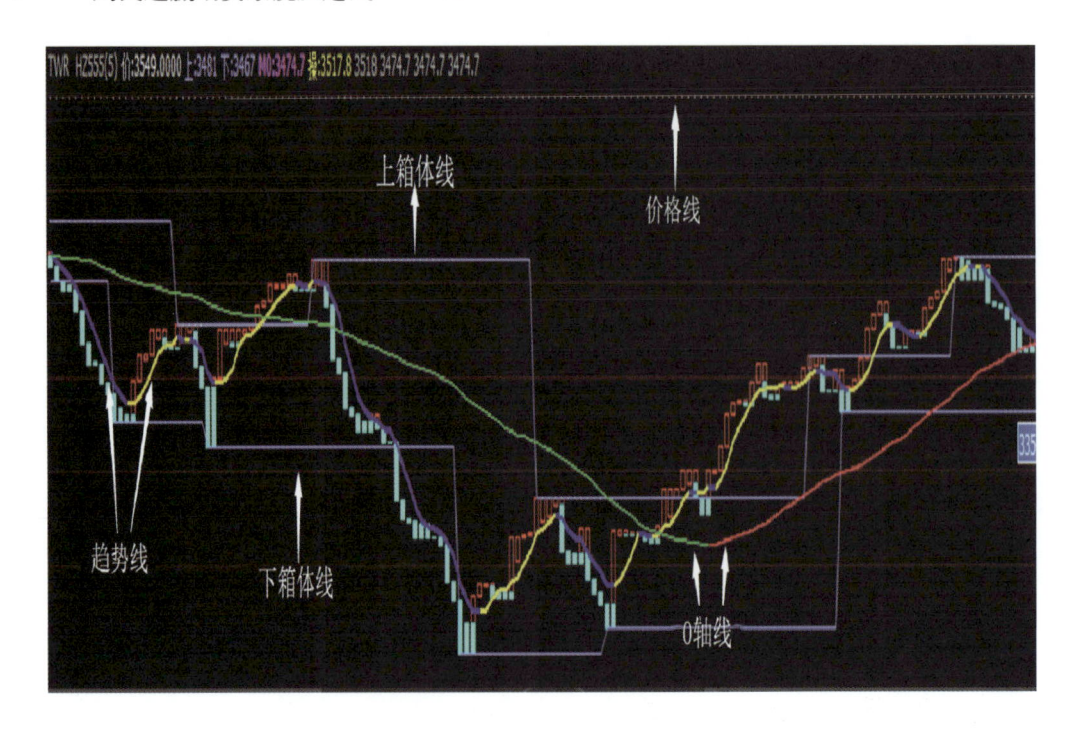

图3-38　HZ555指标简介

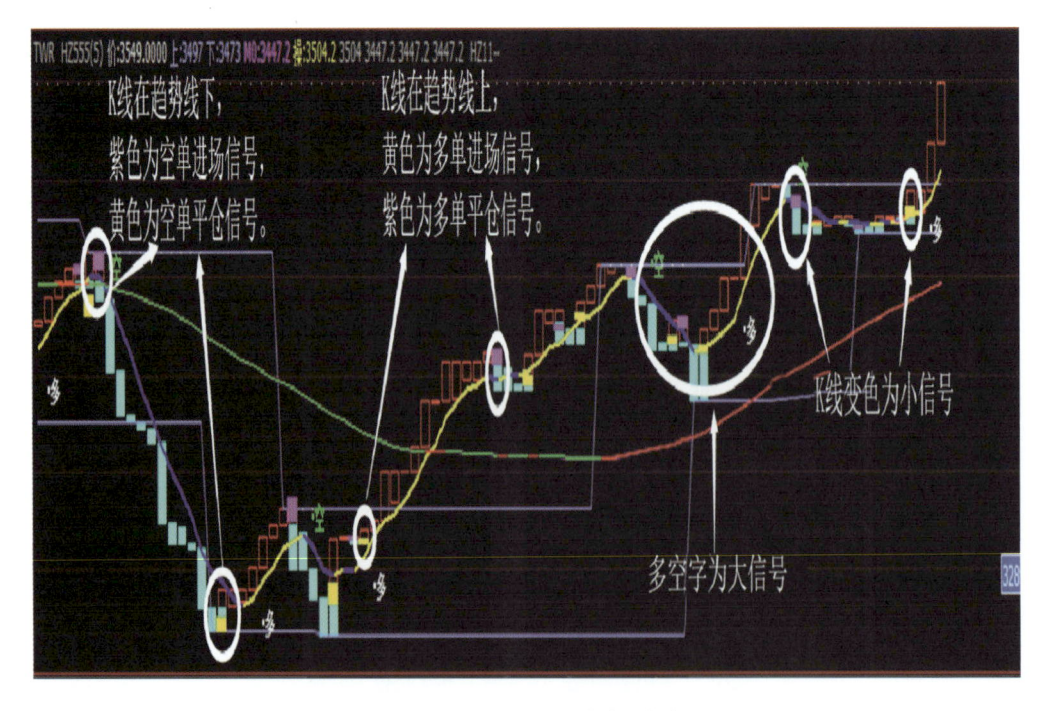

图3-39　HZ11--指标简介

2. 副图指标设置：X5、F2--1

X5为摆动指标。有二个周期指标：①短期趋势指标白、红、绿变色线，是快指标，类似于KD或KDJ指标，操作时金叉做多，死叉做空，主要看顶底，可以买在起涨点，卖在最高点；②长期趋势指标黄、蓝变色色带，是慢指标，中轴线线上为强势区，线下为弱势区。此指标主要用来区分顶和底或顶底背离。若长周期蓝色时，短周期死叉做空，金叉平仓；若长周期黄色时，短周期金叉做多，死叉平仓。当快慢周期都在弱势区，不做多；若快慢周期都在强势区，不做空。X5指标主要看周期共振，周期越大指标越稳定（如60分钟优于15分钟周期），此指标的缺点是容易在高、低位置钝化，没有方向（图3-40）。

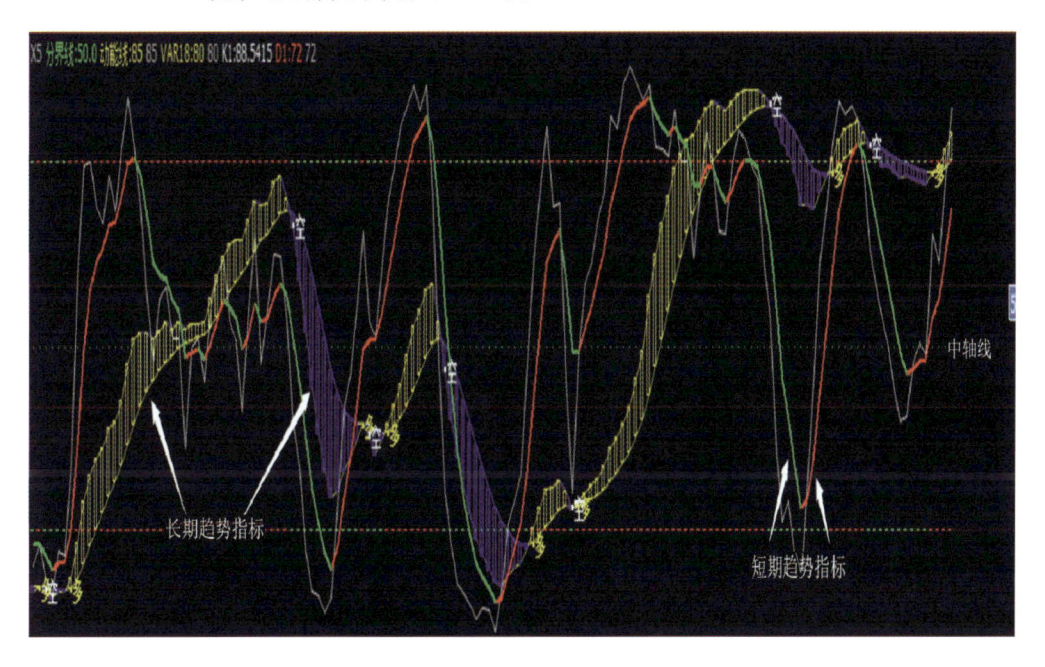

图3-40　X5指标简介

F2-1是MACD的变异，是最重要的指标。F2-1指标分为：①以0轴为界分为多空区，0轴线下做空，线上做多。②柱子：黄蓝色柱子为攻击量，黄色柱子是多头攻击量，蓝色柱子是空头攻击量,深紫色柱子是多头过渡量,暗紫色柱子是空头过渡量。③线:略细线是本周期线,若在5分钟周期操作,此线为5分钟周期;粗线是本周期线的3倍线,若在5分钟周期操作,此线是5分钟周期×3为15分钟周期线;细线是本周期线的6倍线,若在5分钟周期操作,此线是5分钟周期×6为30分钟周期线。3条线为不同的3个周期,3个周期同时在1个指标中体现,减少了周期切换,完成了周期共振;若3条线全部共振为趋势行情,若不共振为震荡行情。特点:既有摆动指标的性能,又有量能指标的功能(图3-41)。

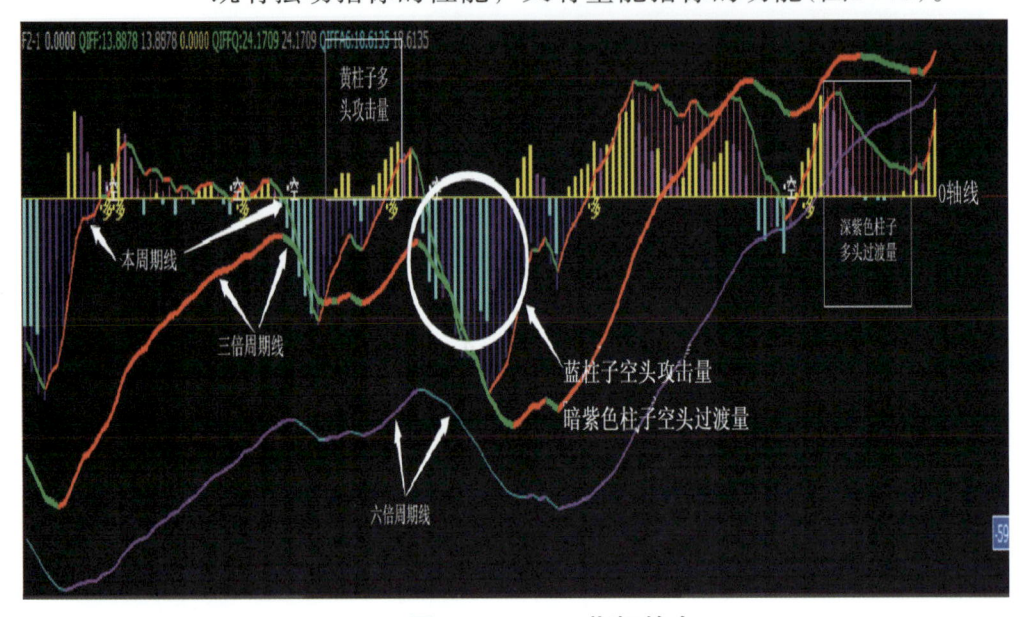

图3-41 F2-1指标简介

二、操作方法(以做空为例)

1. 买入条件

买入条件为主图副图指标共振(图3-42)。主图:0轴线下,出现大信号"空"字或小信号紫色帽子K线;X5:短线趋势绿色,长线趋势蓝色;F2-1三线变为绿色,0轴线下。

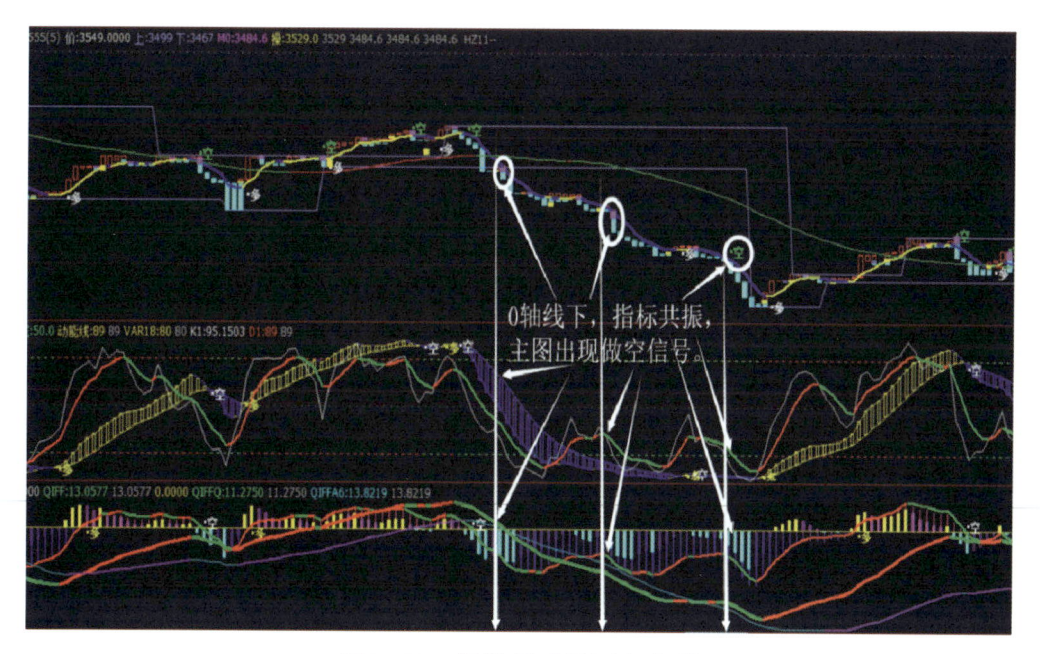

图3-42 极简模式的买入条件

2. 卖出条件

①主图出现黄色底K线，平仓；②主图趋势线变色，平仓；③X5短期趋势线变色，平仓；④X5长期趋势线变色，平仓；⑤F2-1指标3倍周期线变色，平仓（图3-43）。

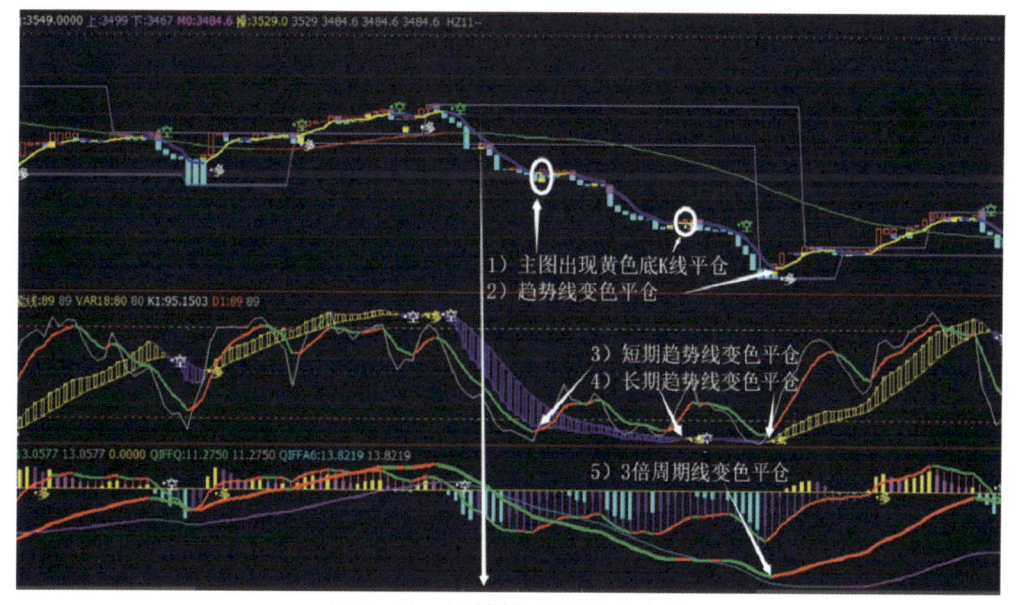

图3-43 极简模式的平仓方法

三、操作纪律

(1)以主图为主，0轴线上做多，线下做空。(2)指标共振、周期共振入场。(3)看大做小，看长做短。

四、特点

极简模式实现了多周期同一画面显示，减少了周期切换。根据不同的操作方法，可进行短线和长线的操作，或者可以长短结合操作。指标共振、周期共振操作更准确，量、价、时、空完全把握，拿得住单，盈利更多，更能达到超赢的效果。

以上是我对周氏超赢期货系统理论、技巧、操作模式的一些简介。期货市场入市很简单，这个市场不分性别、不分文化层次、不分钱多钱少，只要开户就可以投身其中。但我们在操作中要不断地问自己，为什么买？为什么卖？下一步会发生什么？市场将向哪个方向发展？市场会发生什么样的变化？在以上的讲解中，我进行了一点一点地解析，讲了趋势，趋势和震荡的区分，趋势形成的三波理论及A、B、C浪的调整，时间周期和空间理论，以及镜像理论、箱体理论等，让大家对这套系统的使用有一个详细的了解。

在周氏超赢期货系统中，核心内容就是量、价、时、空。重点要掌握的内容就是线上做多，线下做空；指标共振、周期共振进场。做到买入不急、卖出不贪、横盘不做、逆势不参与。希望大家能够不断认真地学习、消化，改变人性中的不良成分，把复杂的事情简单化，针对自己的问题，找到捷径，找到改进的方法，形成自己的盈利模式。对投资者来说，重要的不是理解别人的投资理念，而是懂得在实践中如何应用。

期货市场是有迹可循的。基本面研究的是价格变化的因素，技术面研究的是价格变化的规律。不管市场怎么千变万化，我们只要做到明势、顺势、应势，掌握了应对趋势变化的能力，那我们操作起来就会得心应手，游刃有余了。人们常说，投资是一场修行，这个过程是一个学习的过程，也是一个不断自我磨练的过程。

我们在这个市场中既要有过硬的技术，还要有严格的执行力和良好的、平和的心态。做到不赌、不猜，要耐得住寂寞，挡得住贪婪，守得住心性，把学习的过程作为了解自己的过程，不断改进自身的问题，明确、果断地按照系统操作指示进场、出场。指标不一致、我们看不懂时，宁肯错过，绝不做错。开单后，及时止盈止损，做到不抄底、不摸顶、不扛单，把交易控制在安全边际之内。要有敬畏市场的心，稳扎稳打，随着市场的波动、脉搏去做。在交易中不断学习、交流，逐步完善和提高自己的操作水平和心性，形成自己的交易理念，找到自己的盈利模式。世上无难事，只怕有心人。只要大家专心致志，不断钻研，找到适合自己的方法，坚持自己盈利的策略，我相信，广大投资者一定会创造奇迹，实现财务自由。

第四章 超赢MACD

技术指标有形形色色、成千上万种之多，总体分为三大类：①趋势型，②量能型，③摆动型。

在实战应用中，技术指标不在多，而在精。MACD是兼容这三种类型为一体的指标。所以，学好用好MACD指标，就能够使你在市场博弈中赚到钱。

MACD指标在系统化交易中的应用极为广泛。周氏超赢期货系统将MACD指标导入操作软件中，使其应用更加简单明了，灵活自如，恰到好处分析市场转换，准确把握买卖点。

第一节
MACD指标详解——MACD的计算公式

MACD由正负差(DIFF)和异同平均数(DEA)两部分组成，当然，正负差是核心，平均数是辅助。先介绍DIFF的计算方法(图4-1)。

DIFF是快速平滑移动平均线与慢速平滑移动平均线的差，DIFF的正负差的名称由此而来。快速和慢速的区别是进行指数平滑时采用的参数大小不同，快速是短期的，慢速是长期的。以现在流行的参数12和26为例，对DIFF的计算过程进行介绍。

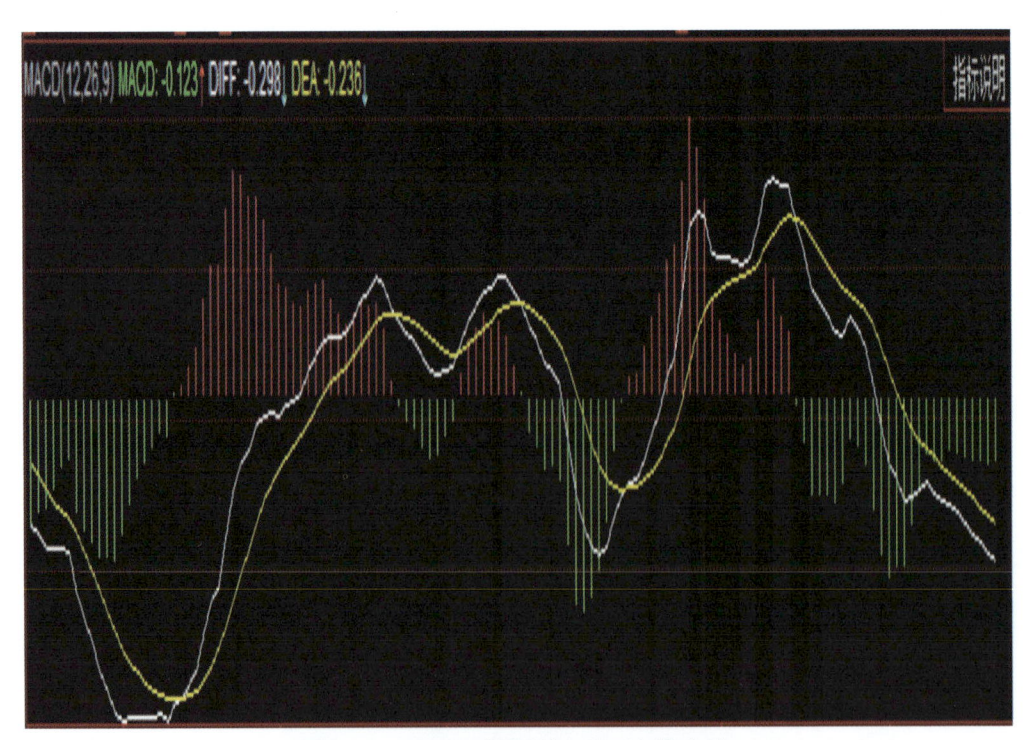

图4-1 MACD指标的DIFF计算方法

快速平滑移动平均线(EMA)是12日的,则计算公式为:

今日EMA(12)=2×今收盘/(12+1)11×昨EMA/(12+1)

慢速平滑移动平均线(EMA)是26日的,计算公式为:

今日EMA(26)=2×今收盘/(26+1)25×昨EMA/(26+1)

以上两个公式是指数平滑的公式,平滑因子分别为2/13和2/27。如果选别的系数,也可照此法办理。

DIFF=EMA(12)-EMA(26)

有了DIFF之后,MACD的核心就有了。单独一个DIFF也能进行行情预测,但为了使信号更可靠,我们引入了另一个指标DEA。DEA是DIFF的移动平均,也就是连续数日的DIFF的算术平均。这样,DEA又有了个参数,那就是作算术平均的DIFF的个数,即天数。对DIFF作移动平均就像对收盘价作移动平均一样,是为了消除偶然因素的影响,使结论更可靠。

需要说明的是,为了使MACD指标更加直观,便于分析,许多人把它编辑成了变异的MACD特色指标,但在用法上基本相同,这是根据个人的喜好不同进行选择(图4-2至图4-5)。

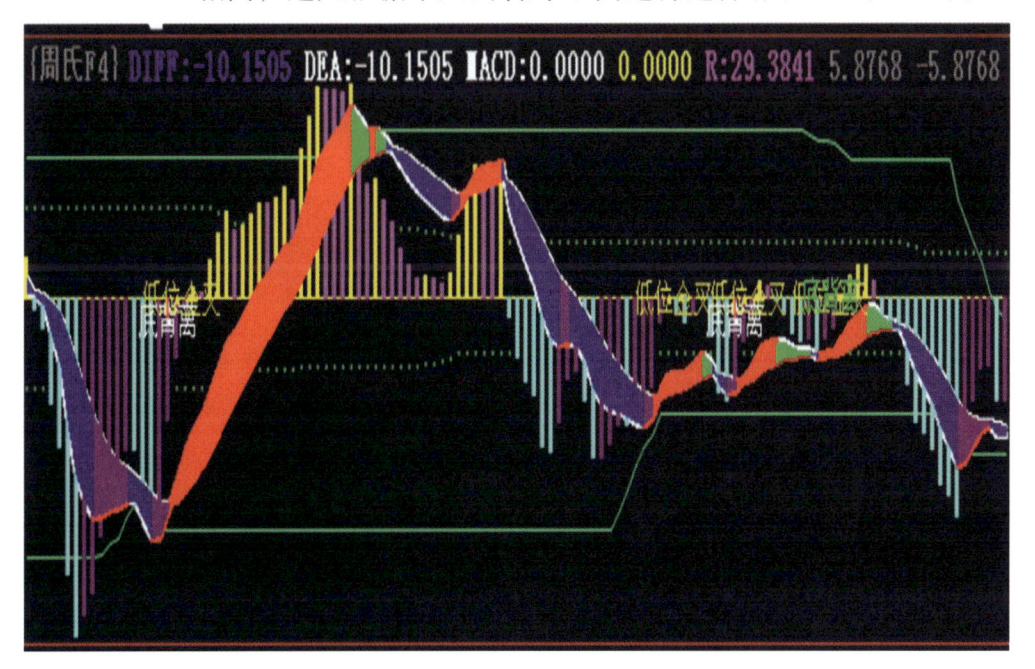

图4-2 MACD特色指标1

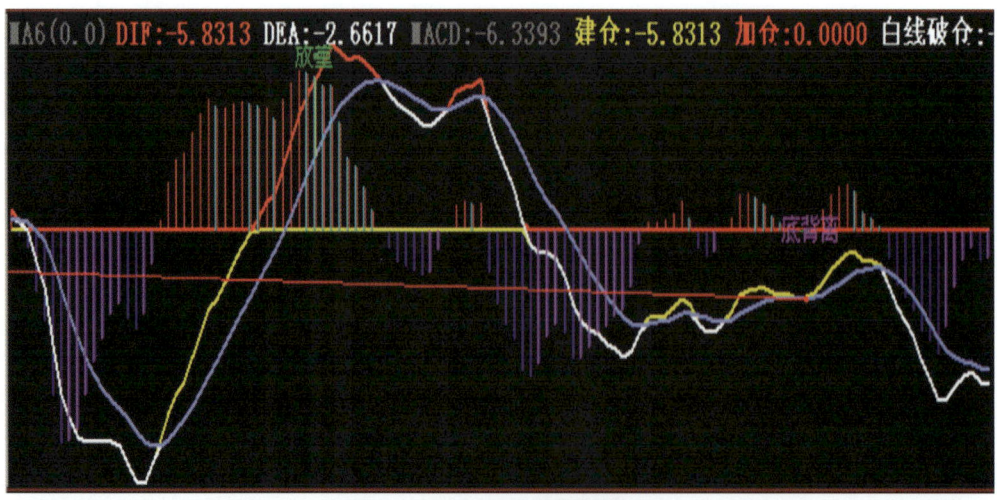

图4-3　MACD特色指标2

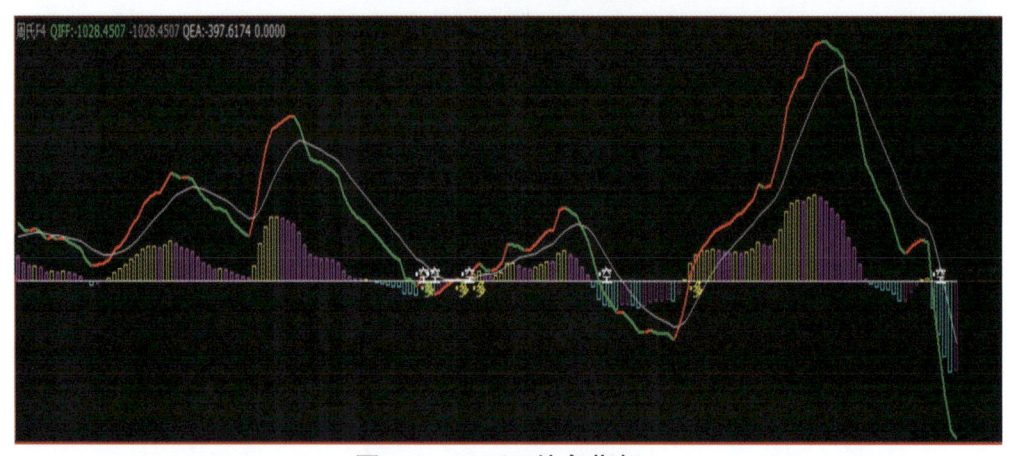

图4-4　MACD特色指标3

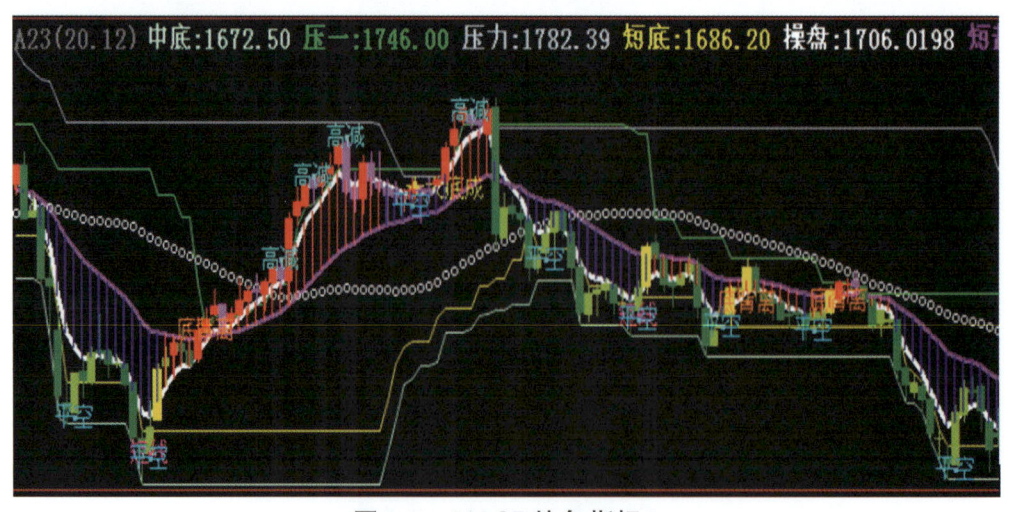

图4-5　MACD特色指标4

第二节
MACD指标的基本应用原则

利用MACD进行行情预测,主要是从两个方面进行。

(1)从DIFF和DEA的取值和这两者之间的相对取值对行情进行预测。其应用法则如下(图4-6):

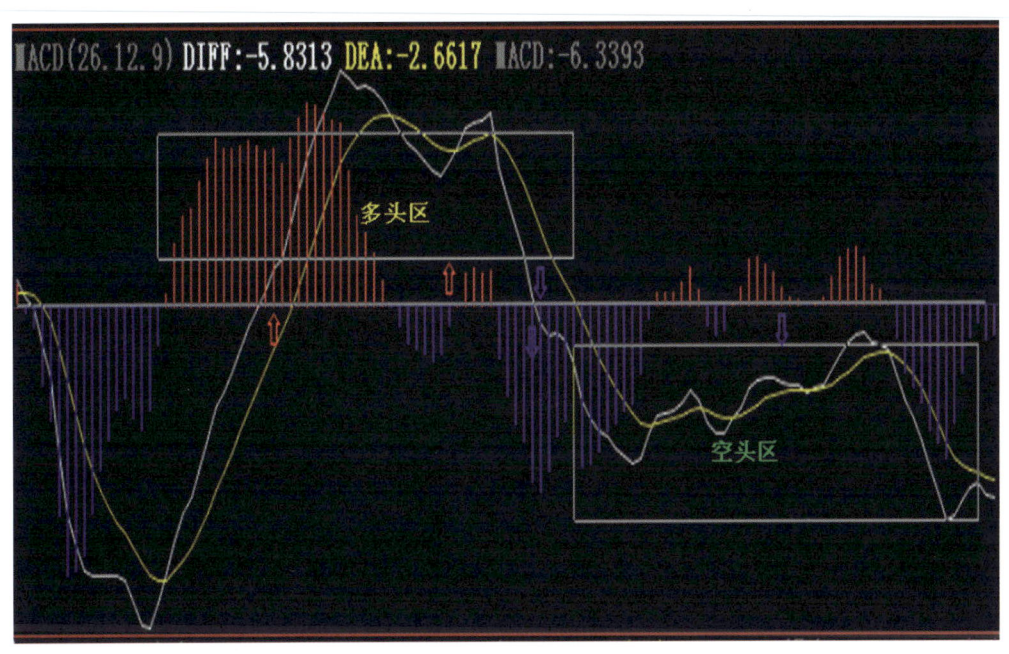

图4-6　DIFF和DEA应用

①DIFF和DEA均为正值时,属多头市场。DIFF向上突破DEA是买入信号;DIFF向下跌破DEA,只能认为是回档,做多获利了结。

②DIFF和DEA均为负值时,属空头市场。DIFF向下突破DEA是卖出信号;DIFF向上穿破DEA只能认为是反弹,做空获利了结。

我们知道，DIFF是正值，说明短期的平滑移动平均线比长期的高，这类似于5日线在10日线之上，所以是多头市场。DIFF与DEA的关系就如同价格与MA的关系一样，DIFF上穿或下穿DEA，都是一个DIFF将要上升或下降的信号。DIFF的上升和下降，进一步又是价格的上升和下降信号。上述的操作原则是从这方面考虑的。

（2）利用DIFF的曲线形状进行行情分析，主要是采用指标背离原则。这个原则在技术指标中经常使用，具体的叙述是：如果DIFF的走向与价格走向相背离，则此时是采取行动的信号。至于是卖出还是买入，要依DIFF的上升和下降而定。MACD的优点是除掉了MA产生的频繁出现的买入、卖出信号，使发出信号的要求和限制增加，避免假信号的出现，用起来比MA更有把握（图4-7）。

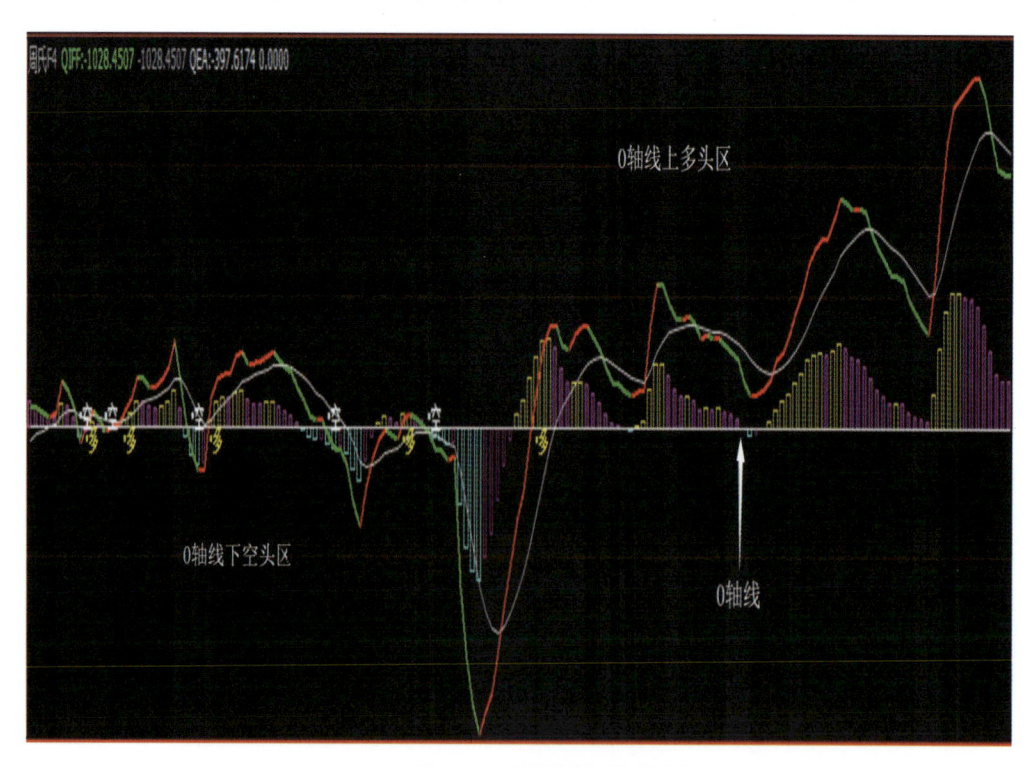

图4-7 DIFF曲线分析

第三节
MACD指标的基本应用方法

如图4-8所示，MACD指标的基本应用方法有金叉和死叉，绿转红和红转绿等。

（1）MACD金叉：DIFF由下向上突破DEA，为买入信号。

（2）MACD死叉：DIFF由上向下突破DEA，为卖出信号。

（3）MACD绿转红：MACD值由负变正，市场由空头转为多头。

（4）MACD红转绿：MACD值由正变负，市场由多头转为空头。

（5）DIFF与DEA均为正值，即都在零轴线以上时，大势属多头市场，DIFF向上突破DEA，可作买入。

（6）DIFF与DEA均为负值，即都在零轴线以下时，大势属空头市场，DIFF向下跌破DEA，可作卖出。

（7）当DEA线与K线趋势发生背离时，为反转信号。

（8）DEA在盘整局面时失误率较高，但如果配合RSI及KD指标，可适当弥补缺点。

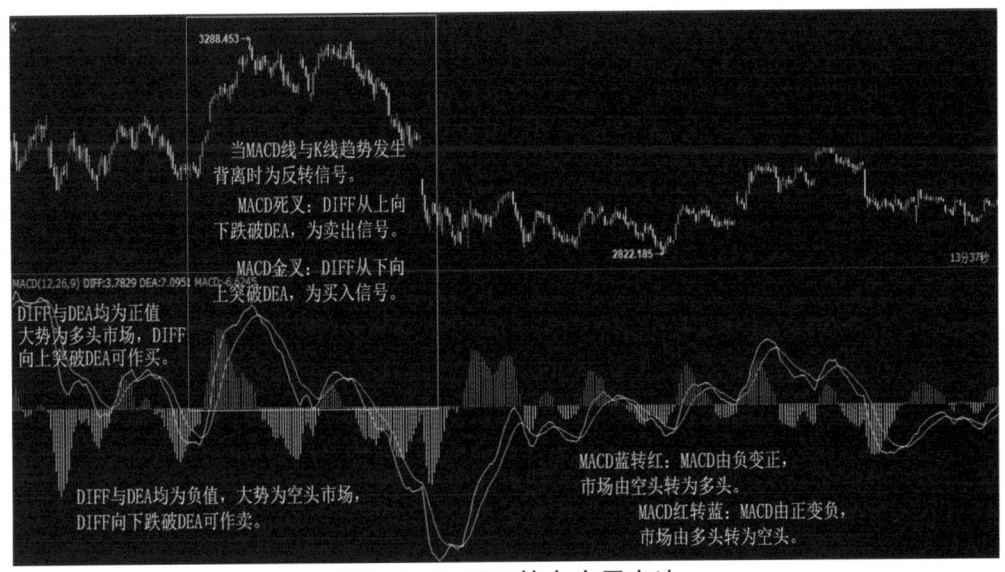

图4-8 MACD基本应用方法

第四节
MACD指标的十大功能

MACD指标具有十大功能，下面将结合实战案例逐一详细讲解。

一、0轴的作用

0轴的作用：牛熊分界线、多空分水岭，最强的支撑和压力位。

0轴是多空分界线，这个原则在MACD系统中显得很重要。

一般都可以这么认为：双线在0轴上是多头行情，双线在0轴之下是空头行情（图4-9至图4-14）。

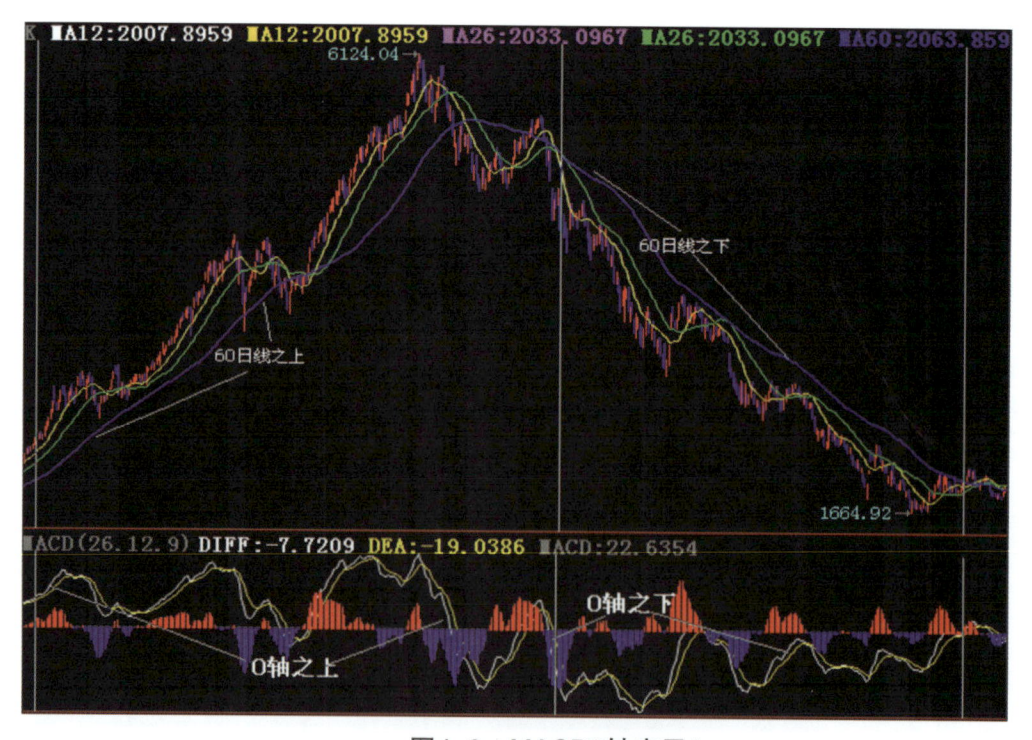

图4-9　MACD 0轴应用1

图4-10 MACD0轴应用2

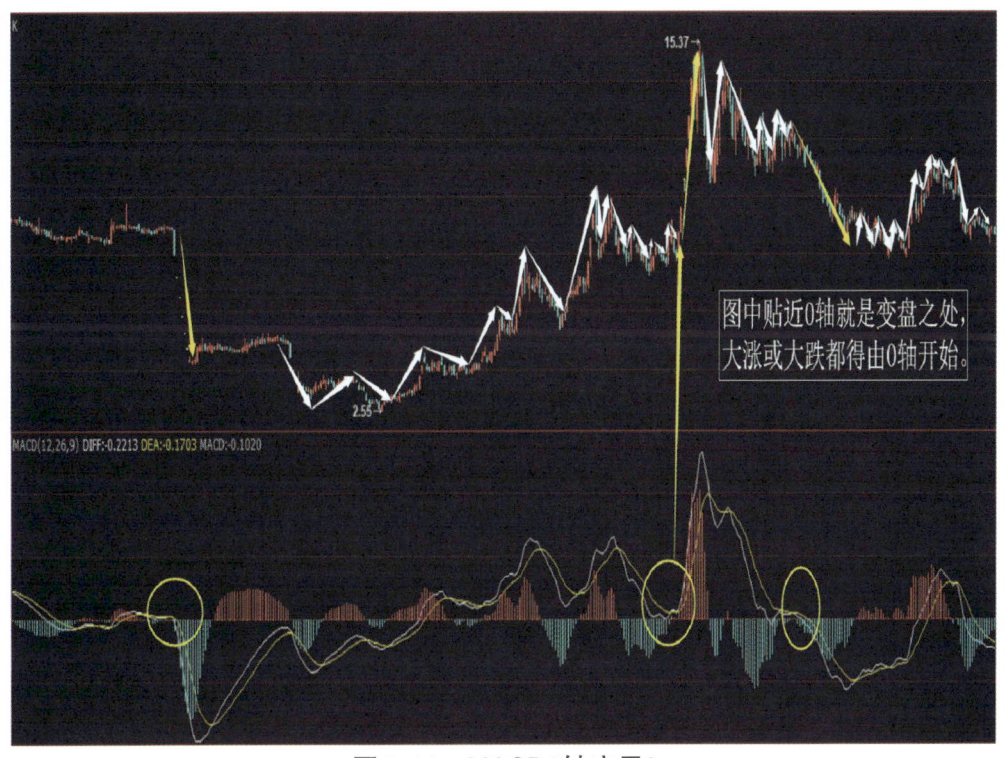

图4-11 MACD0轴应用3

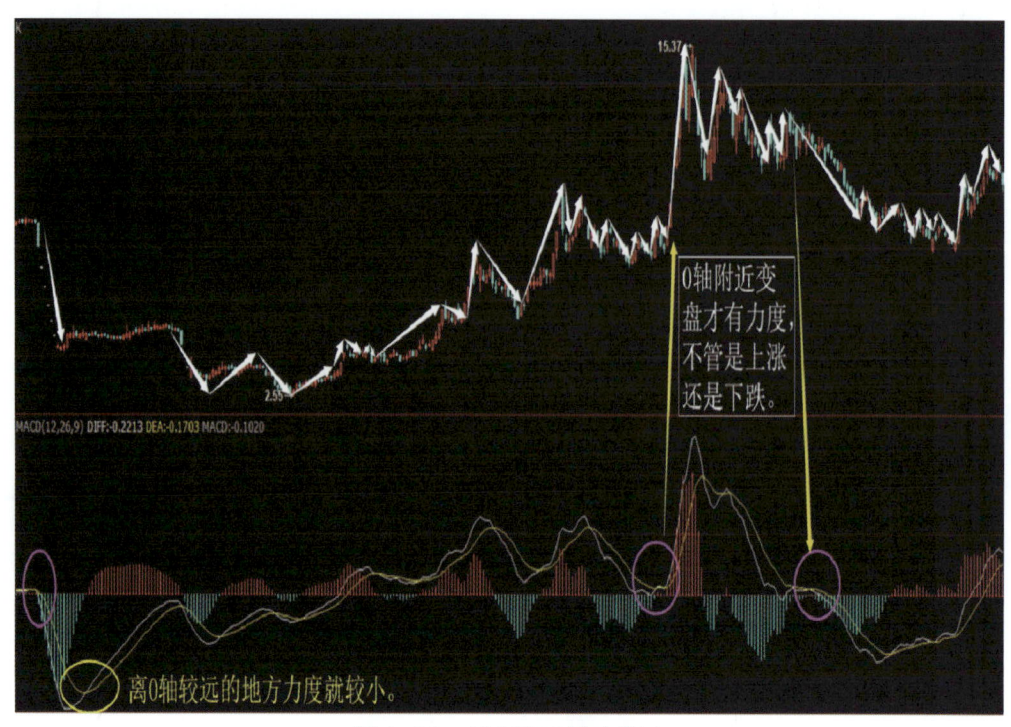

图4-12　MACD0轴应用4

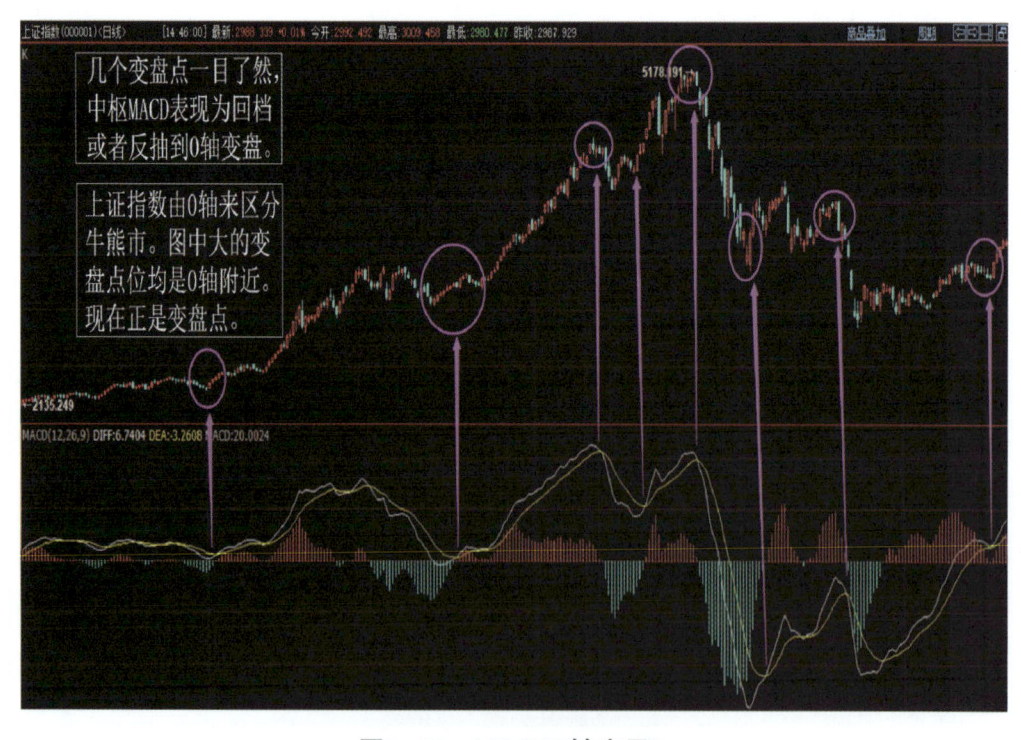

图4-13　MACD0轴应用5

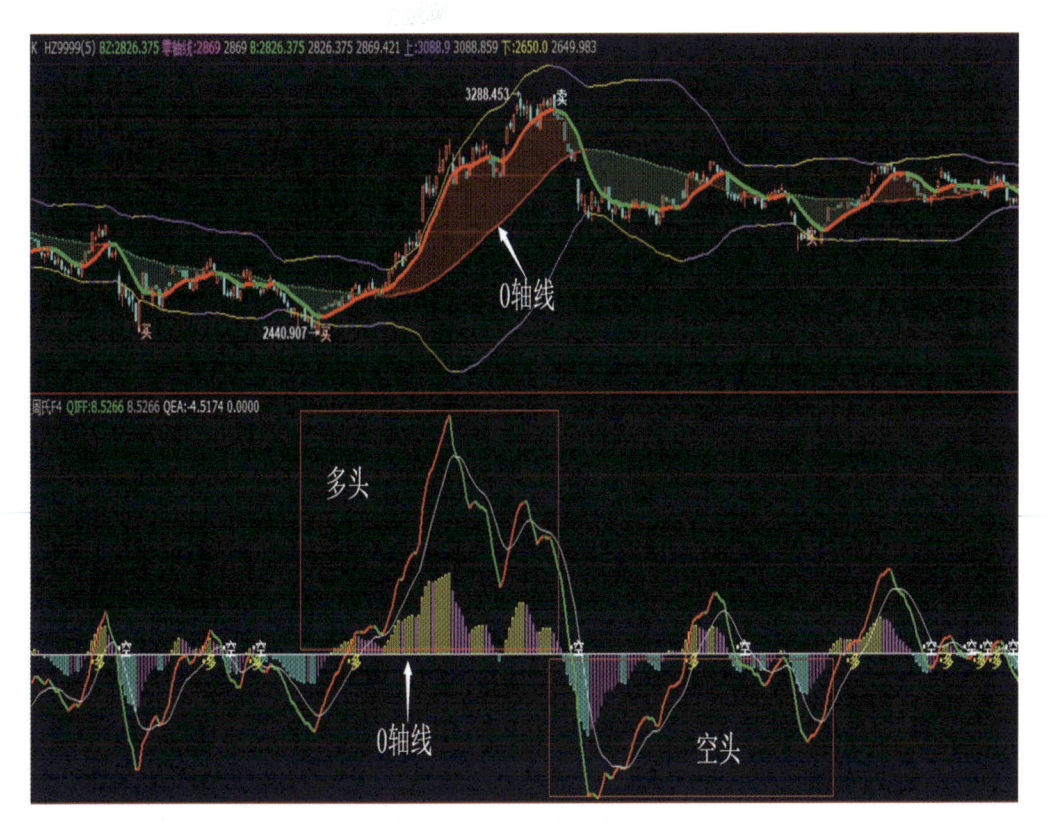

图4-14　MACD0轴应用6

　　同时，0轴也是很重要的一个变盘界线。大的行情爆发，不管是上涨还是下跌，不管是大周期还是小周期，5分钟也好，周线也罢，基本从0轴附近开始。

　　也就是说，双线在0轴附近容易爆发行情，0轴上下都可以，但是越贴近0轴越好，最好同时兼顾成交量。

　　理论上，MACD的双线DIFF和DEA可以无限升高，无限拉低，但是事实上是不可能的，两条线总是围绕着0轴上上下下。但是每次变盘位置都是在0轴附近，这点必须要引起重视。即均线系统上，上穿60日线和下破60日线，0轴上第一个金叉就是价格突破60日线后回踩60日线。同时回踩途中成交量缩小，然后基本上是放量金叉。放量时的价格最低点基本上就是未来一段时间的支撑点。

双线和0轴的远近关系：图4-15中，双线在0轴下方金叉，离0轴位置比较远，所以上升力度基本没有，成矩形震荡。当在0轴下，距离很近的地方再次金叉，产生了一波有力度的涨幅。然后在0轴高位死叉，离0轴比较远，下跌力度较弱。蓝色线框伊始，0轴附近死叉又形成一波下跌，远离0轴上金叉，没有上升力度，同样也形成矩形震荡。

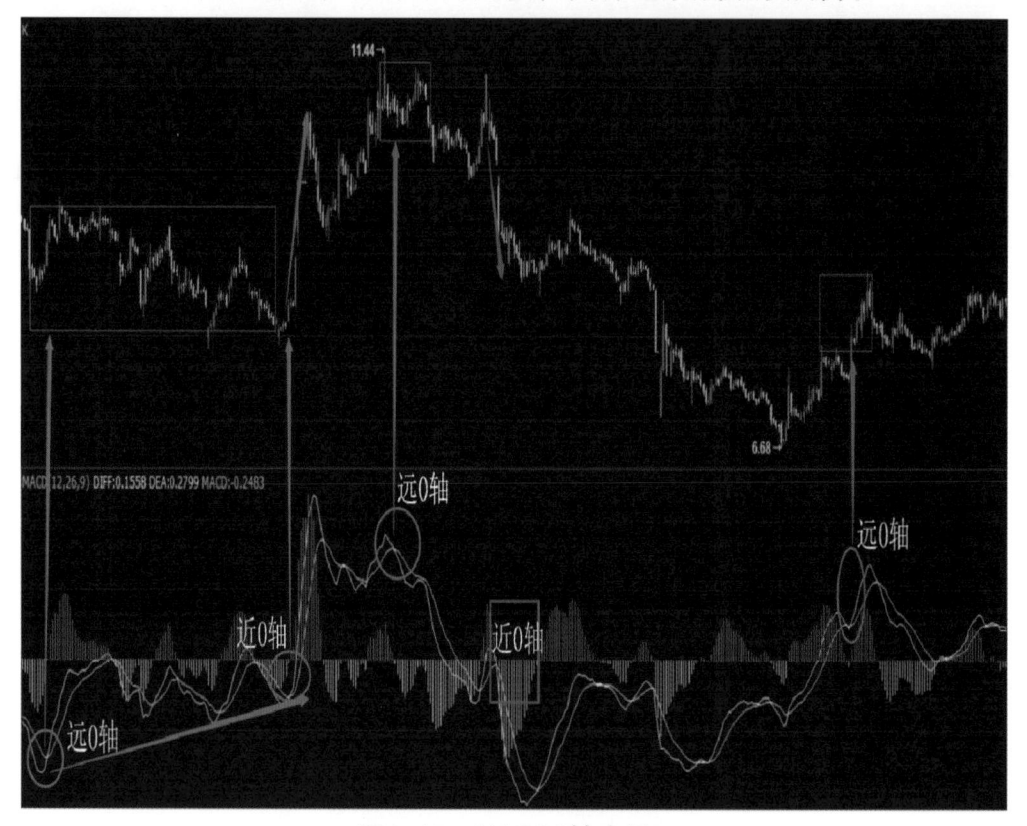

图4-15　MACD0轴应用7

图4-16中双线上穿0轴后有过一波放量上涨，后双线离0轴比较远，红柱缩小，掉头死叉，这样开始调整之旅。前期从启动点开始，双线顺着红柱强劲上升时，任何一个点位进去都是有利润的。尤其是放量过顶，红柱加长的逼空点上。

图4-17与图4-16类似。

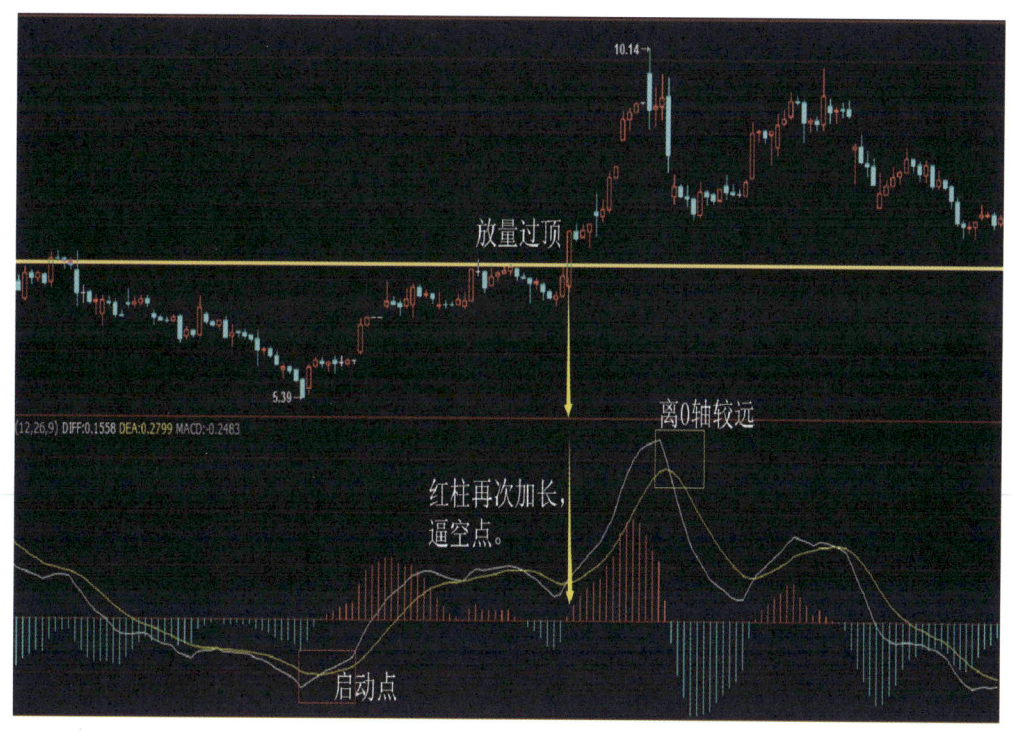

图4-16　MACD0轴与成交量应用1

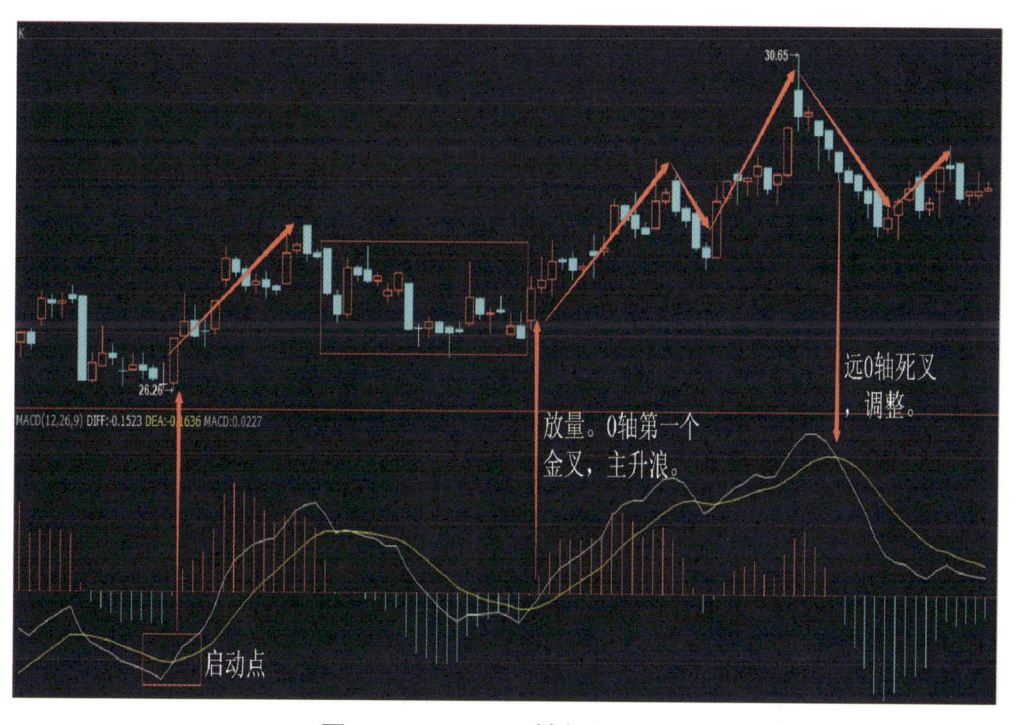

图4-17　MACD0轴与成交量应用2

二、金叉与死叉

金叉、死叉的买卖点：0轴上方做多，金叉买入、死叉卖出；0轴下方做空，死叉买入、金叉卖出（图4-18至图4-20）。

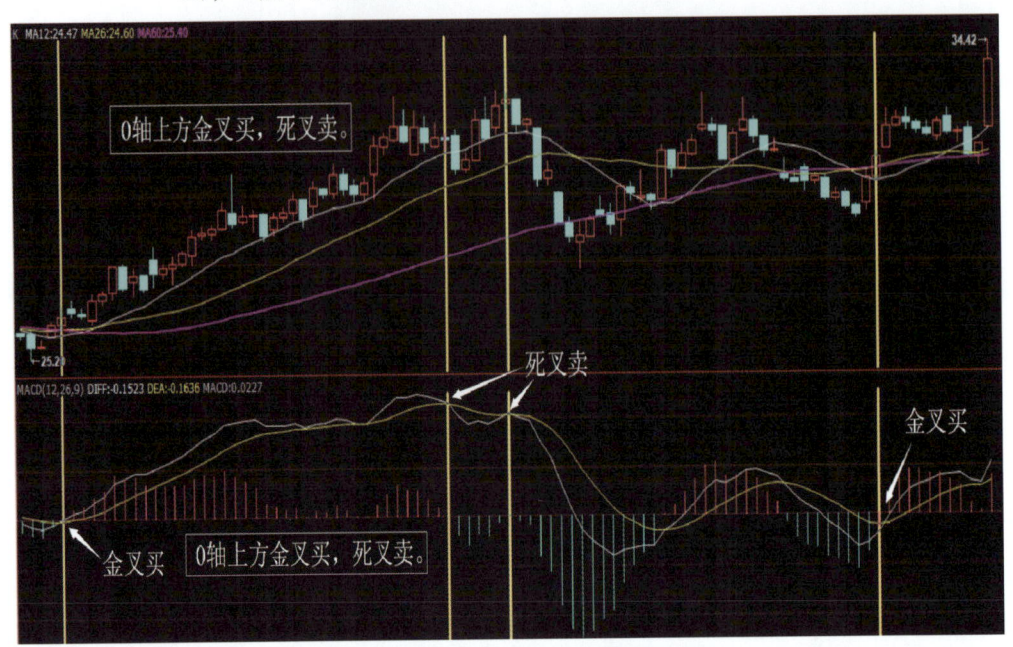

图4-18　MACD金叉与死叉应用1

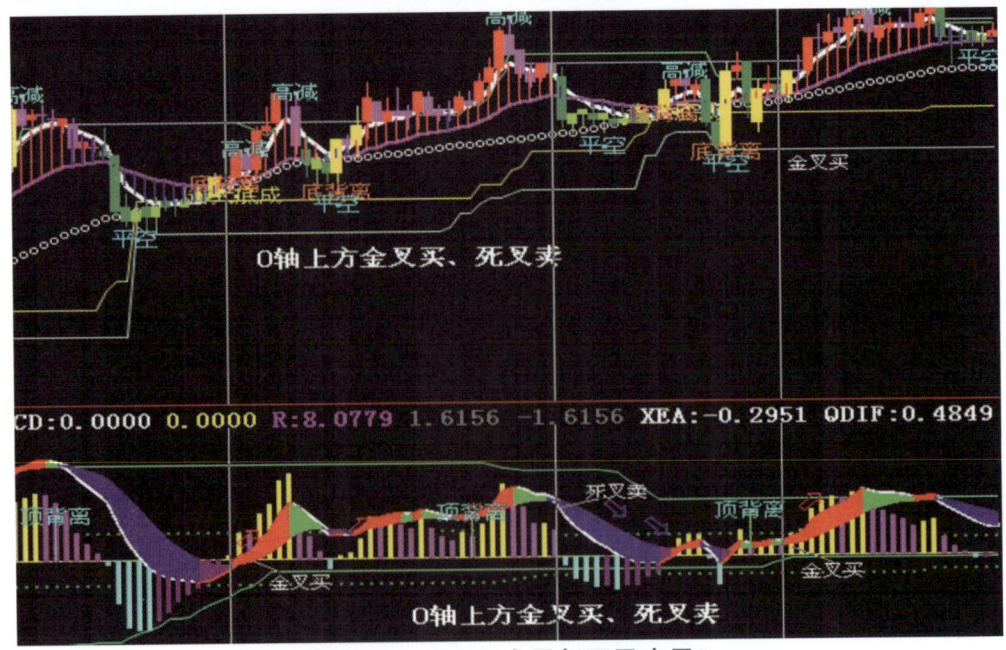

图4-19　MACD金叉与死叉应用2

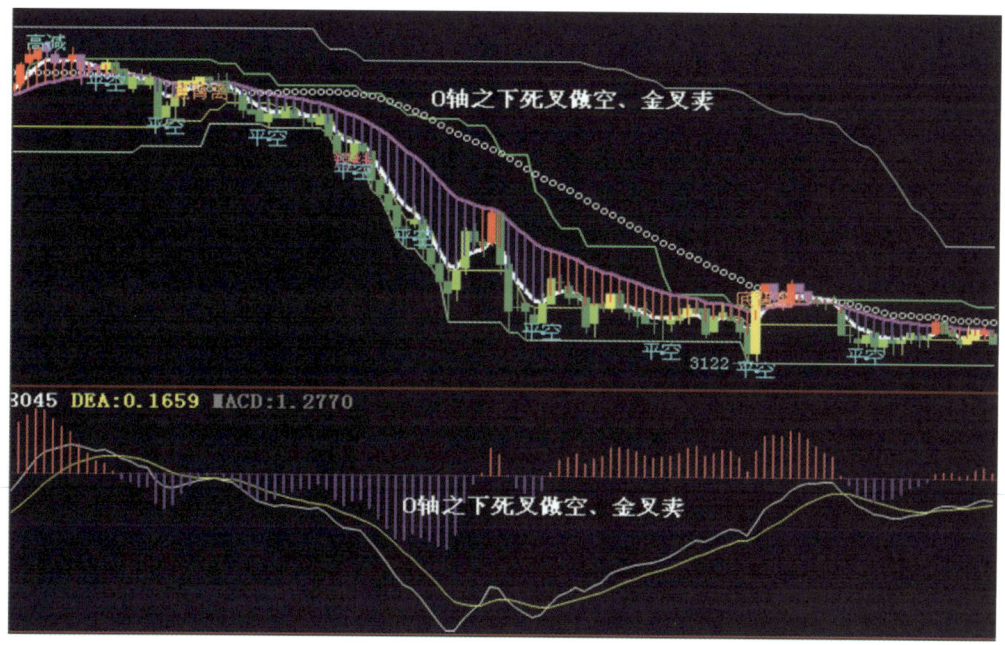

图4-20　MACD金叉与死叉应用3

三、顶、底背离的转折(顶、底背离1次—N次后反转)

1. MACD顶背离

价格经过一段上涨，MACD的顶背离是指价格与前面的高点平或高(宏观地看，粗看，看价格趋势)，MACD指标中的DIFF不与价同步向上反而低或平了(细看，比数值大小这样才有可操作性)，在CDL指标中就是DIFF由红翻绿了。

价是看趋势，不是一定要看什么最高价、最低价、收盘价，是看一个大概样子，而下面的DIFF是要和前面的峰比大小的，所以要精确。

拓展用法就是不看上面价，只看MACD的DIFF的最高点，只要这个新出来的高峰没有超过前高就算是背离了，一般往下至少有15%的跌幅。

这里要说明的就是，教科书上所说的MACD背离是价格与MACD指标中的MACD的比，而我这里指的是价格与MACD指标的DIFF的比(图4-21至图4-23)。

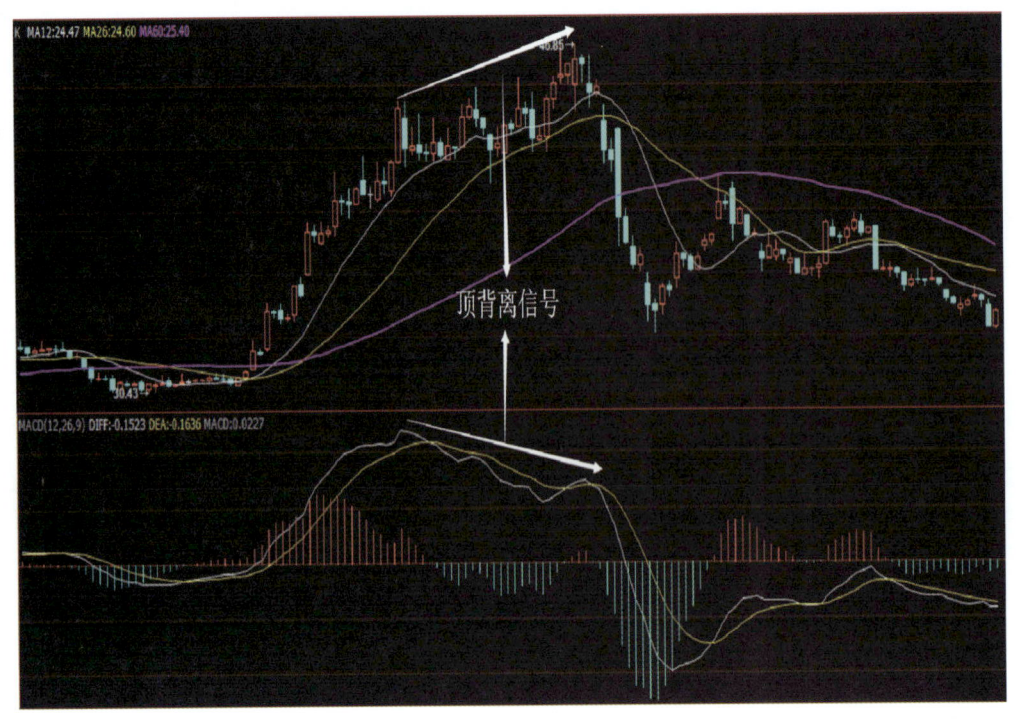

图4-21　MACD顶背离1

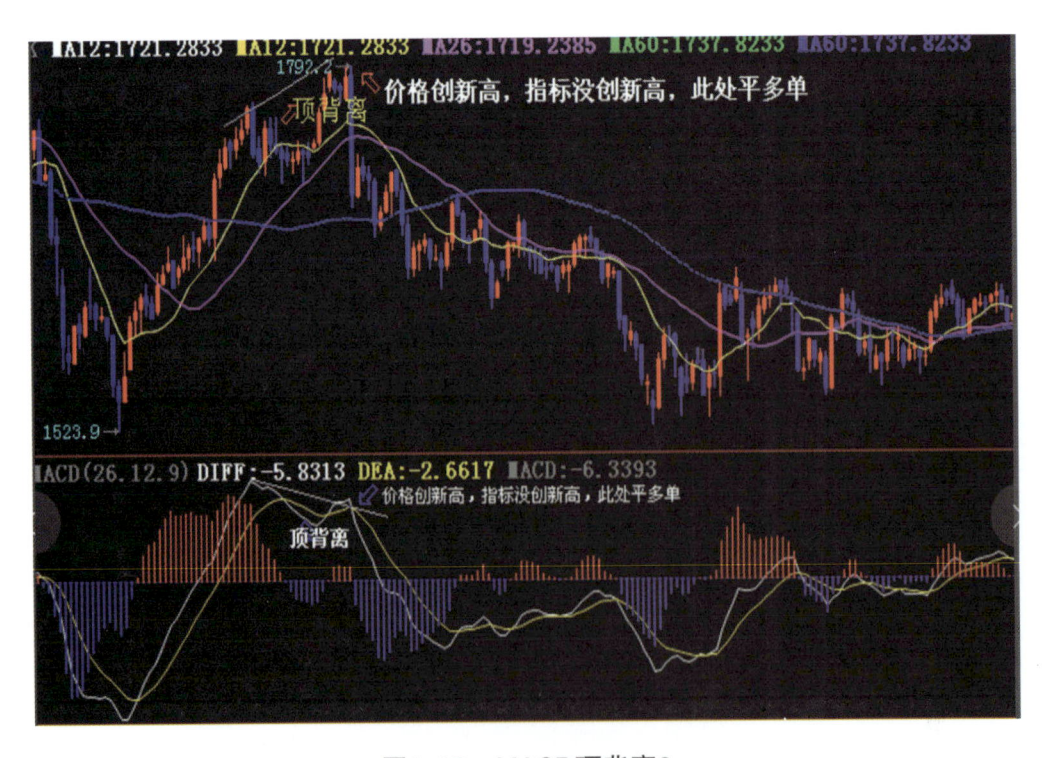

图4-22　MACD顶背离2

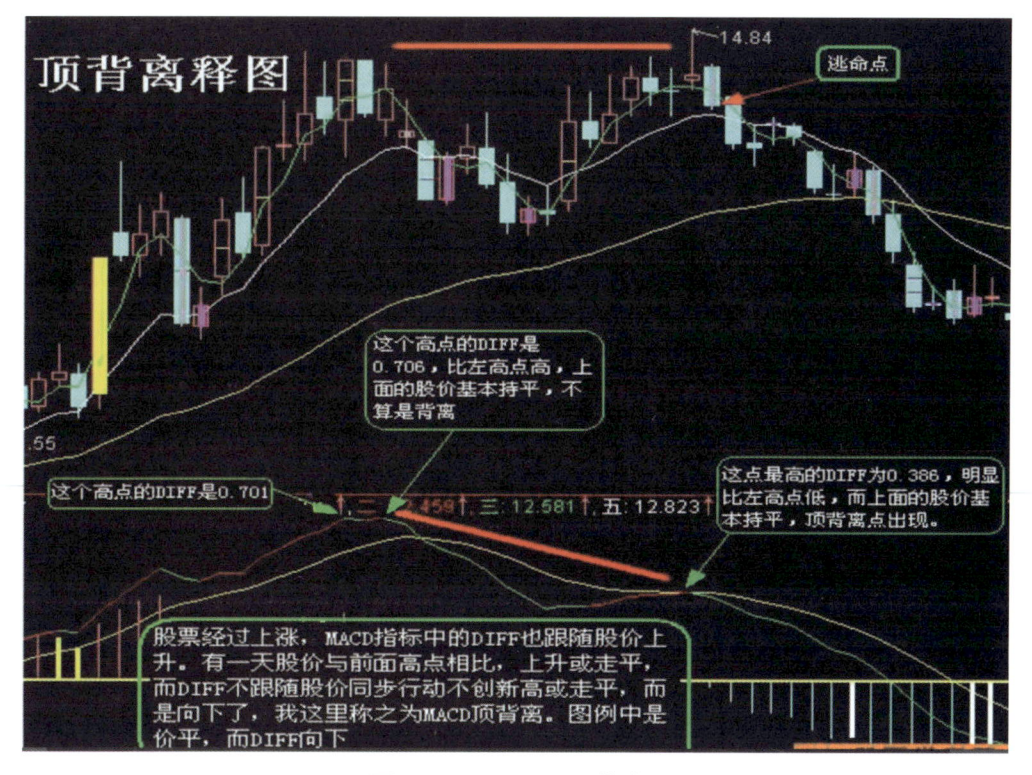

图4-23　MACD顶背离3

2. MACD底背离

MACD顶背离反过来，就是底背离了。价格创新低，DIFF不再创新低（前面应有一个最低点），这个次低点的后一天就是底背离点。要注意：这个次低点是由后一天上涨而形成的，底背离点是一个进货参考点。

拓展用法就是不看上面的价格，只看DIFF，不再创新低而造成这个次低点的那天就是底背离（图4-24）。

以上是原则，一般顶背离较准，看到就逃没错，下面至少有15%的跌幅，逃错了无非是少赚点。底背离买点就只能供参考，不能保证买了一定有5%的赚头，买了不涨，只有止损。

能够形成明显背离特征的技术指标有MACD、WR、RSI、KDJ等，其形态都存在与价格背离的特征。

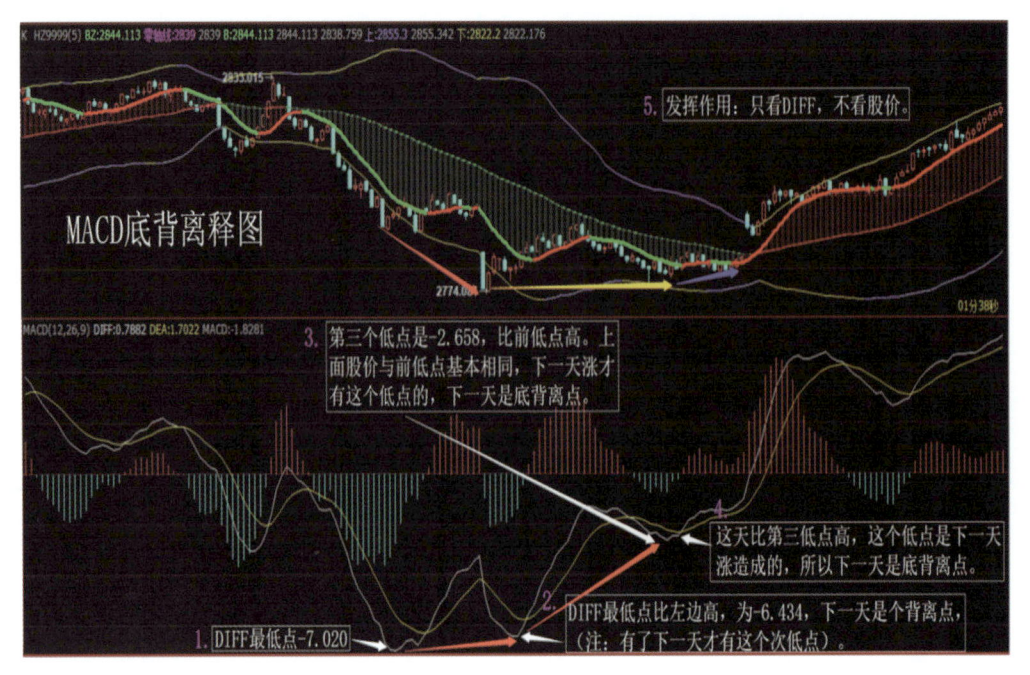

图4-24　MACD底背离

3. 背离特征需要注意的问题

①各种技术指标的有效性并不相同，进行技术指标分析时，相对而言，用RSI与KDJ的背离来研判行情的转向成功率较高。

②指标背离一般出现在强势中比较可靠，就是价格在高位时，通常只需出现一次背离的形态，即可确认反转形态；而价格在低位时，一般要反复出现几次背离才可确认反转形态。

③钝化后背离较为准确，若完全根据背离特征进行操作，常会带来较大的失误，这种情况特别容易出现在价格暴跌或暴涨时，KDJ指标很可能呈高位或低位钝化后，价格仍然出现上涨或下跌。实际上，这时候一旦出现背离特征，有效性很高，特别是KDJ指标结合RSI指标一起判断价格走向，KDJ在判断底部与顶部时，具有较强的指向作用。

④注意识别假背离，通常假背离往往具有以下特征：某一时间周期背离，其他时间并不背离，比如日线图背离，而周线或月线图并不背离。

没有进入指标高位区域就出现背离，我们所说的用背离确定顶部和底部，技术指标在高于80或低于20时背离，比较有效，最好是经过了一段时间的钝化。而在20～80之间往往是强势调整的特点，而不是背离，后市很可能继续上涨或下跌。

某一指标背离而其他指标并没有背离，各种技术指标在背离时往往由于其指标设计上的不同，背离时间也不同，在背离时，KDJ最为敏感，RSI次之，MACD最弱。单一指标背离的指标意义不强，若各种指标都出现背离，价格见顶或见底的可能性较大。

背离的实质，说简单点就是价格还在朝一个方向运动，但是速度已开始放缓了，力度已经达不到过去了，就是价格和速度的关系。

需要提醒的是：背离的出现，并不代表原趋势会立即停止或者反转，背离只是一个信号，是一个提示，原趋势有可能停止运动。但事不过三，一般三次后就会反转（这是与波浪理论的浪形结构有关）。

MACD的精华在于趋势、背离和周期间的互相影响（图4-25、图4-26）。

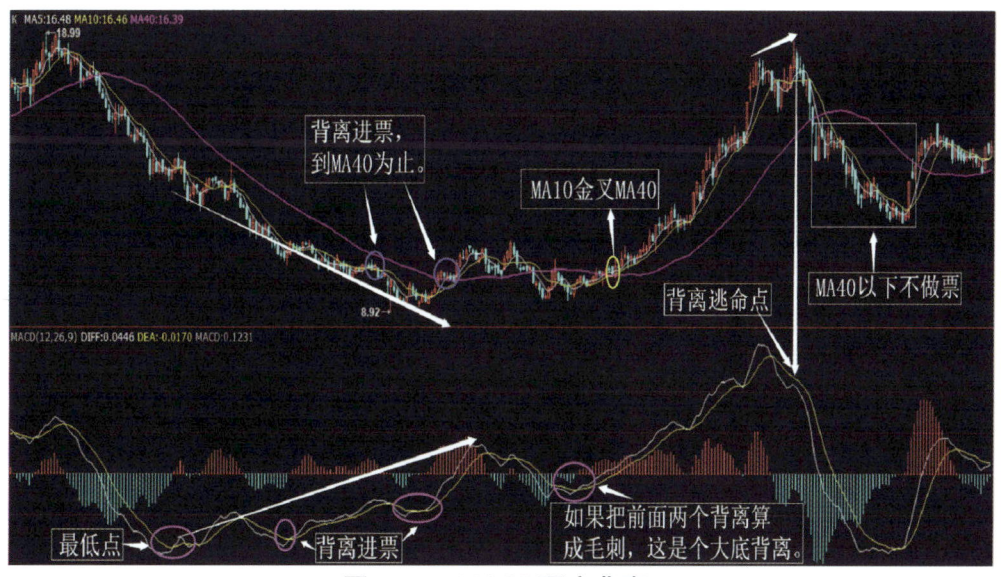

图4-25　MACD顶底背离1

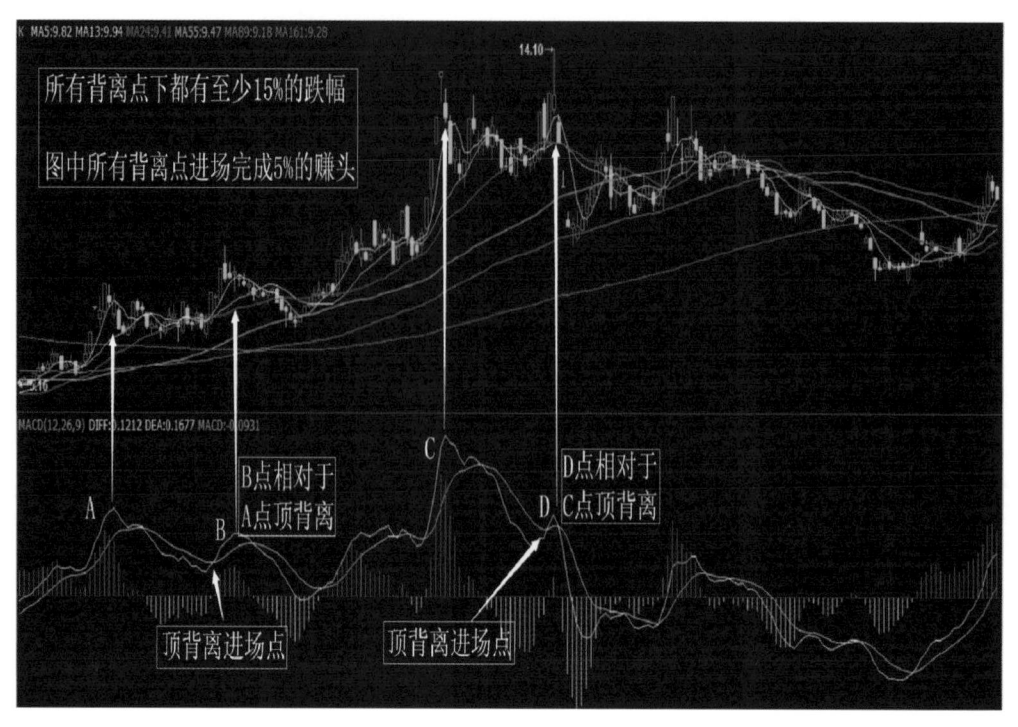

图4-26　MACD顶底背离2

四、判断趋势涨、跌

判断趋势涨、跌：双线在0轴之上，金叉开口，为涨势；0轴之下，死叉开口，为跌势。MACD的精髓是判断趋势，0轴是牛熊分界线，也是多、空的分水岭。只要把握住双线是上穿0轴，还是下穿0轴，就不会犯方向性的错误。这一点对做期货尤为重要，只要方向正确就一定能够赚到钱（图4-27、图4-28）。

趋势形成后有级别的大小，也就是说有长周期和短周期。大级别是由小级别延伸以及扩展的同向性形成的，当大级别形成之后，小级别的波动只反映大级别的局部特征。也就是说，在大级别的趋势没有形成之前，小级别波动的意义仅在于小级别本身。比如1分钟DIF运动方向的时间和力度决定了5分钟的DIF运行轨迹，依次递增到更长周期。又如：1分钟的走势促使5分钟走势上涨，而5分钟走势又促使30分钟走势上涨（改变了原来的运动方向和力度，如上穿0轴）的时候，5分钟走势的形成，也就是当本级别走势促使大级别改变运动方向和力度的时候，本级别的趋势就形成了。这时1分钟的走势就服从于5分钟的走势，却不服从于30分钟的走势（当然30分钟走势如果能促使日线走势改变的话，也服从于30分钟走势）。

换句话说：周期之间的关系，比如现在5分钟双线未金叉，处在空头状态，1分钟处在金叉，多头状态；那么决定了这个1分钟的金叉上涨只是反弹，力度有限；1分钟通过上涨、回落、再上涨、再回落这样周而复始运动；以一浪一浪的小浪运动，推动了5分钟形成了金叉向上，开始了5分钟周期的多头。那么此时，1分钟金叉，就是和5分钟共振，力量更大，再然后1分钟死叉，那么这个死叉回调就是上涨途中的回档。1分钟的运动逃不出5分钟的多头形态。诸如此类：5分钟推动15分钟，15分钟推动30分钟……上涨如此，下跌亦如此……周而复始。

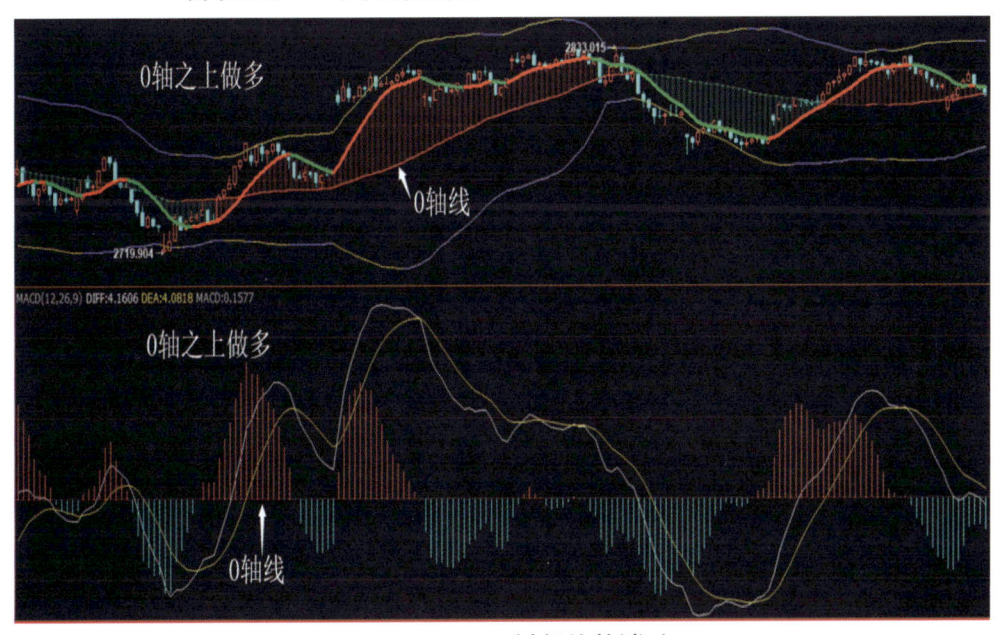

图4-27　MACD判断趋势涨跌1

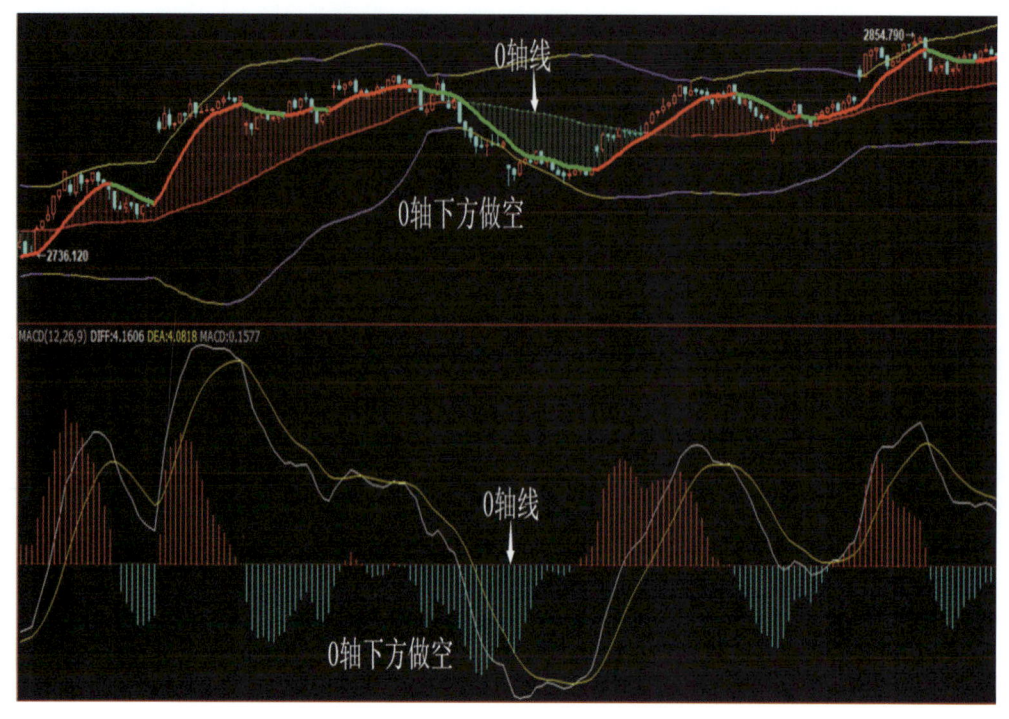

图4-28　MACD判断趋势涨跌2

在趋势形成后，我们充分利用不同周期，把握好每一个波段，只有波段操作，才能使利益最大化。不同周期的操作原则：小周期服从大周期。表现：大周期上升通道，则小周期每次回档是加仓机会，大周期是下降通道，则小周期每次反弹是进场机会（做期货可利用小周期中的金叉、死叉来回做）。适用：任何时段的周期。操作思路：看大做小，看长做短。

五、预测未来走势

利用双线和红蓝柱的形态分析判断未来趋势的变化。

用红蓝柱的形态研判趋势：当双线上穿0轴，多头趋势就已确定，通常情况下会走出3波；下穿0轴形成空头也是如此，如图4-29和图4-30所示。

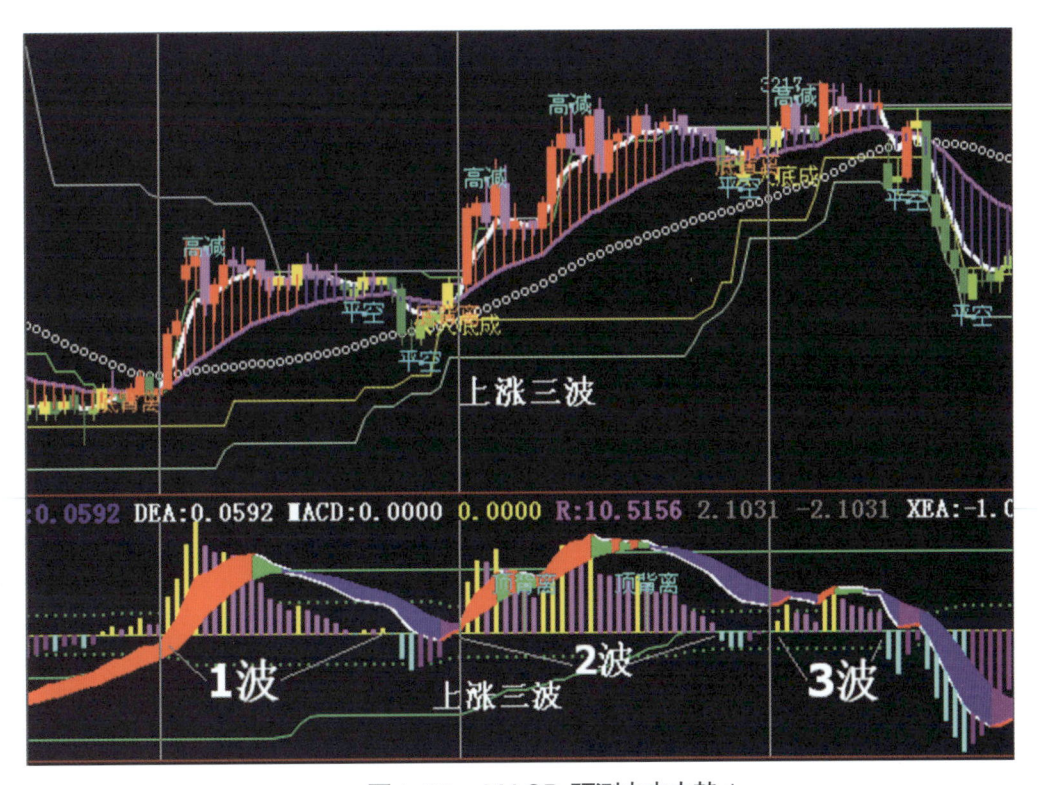

图4-29 MACD预测未来走势1

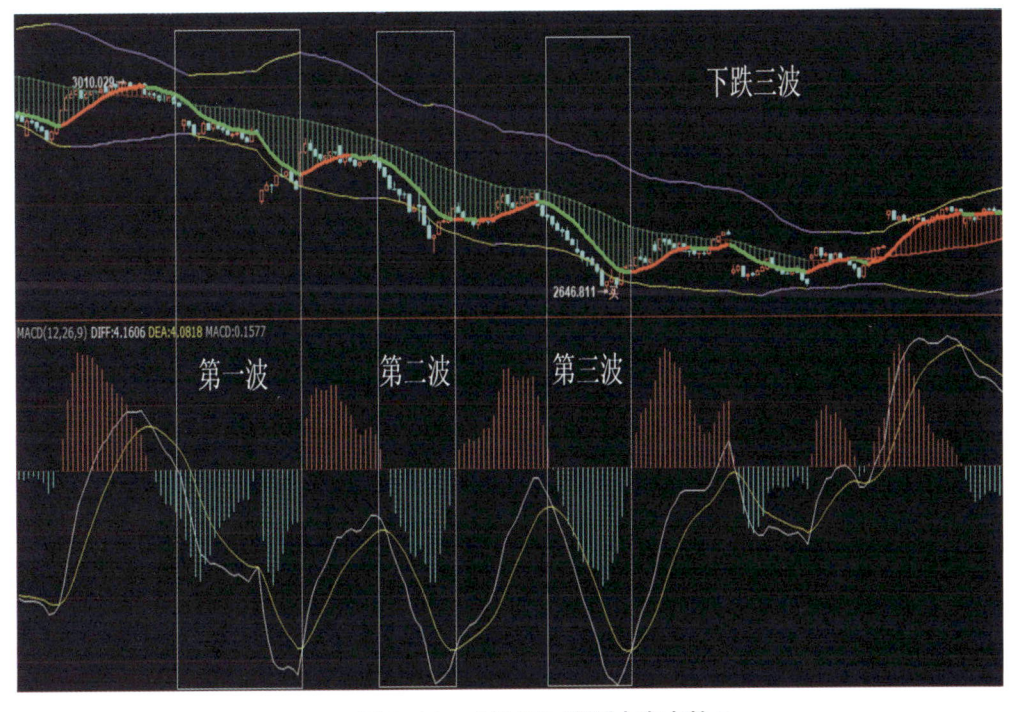

图4-30 MACD预测未来走势2

弱势上涨形态：红蓝柱很短，双线也走得很平，这种行情被认为是箱体振荡，没有过多的参与价值，如图4-31所示。

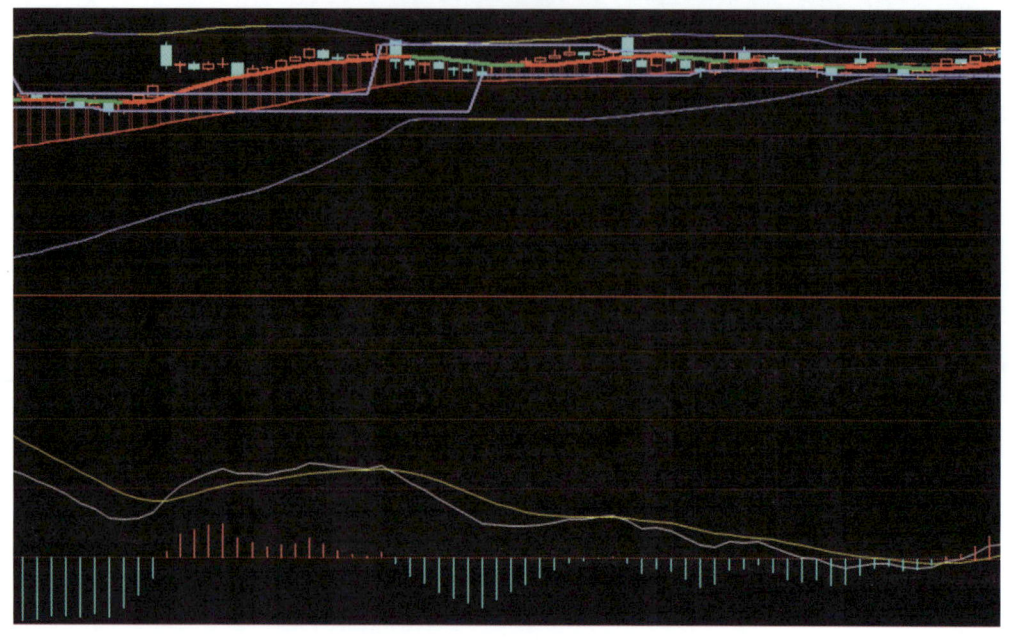

图4-31　MACD预测未来走势3

下跌也是如此，如图4-32所示。

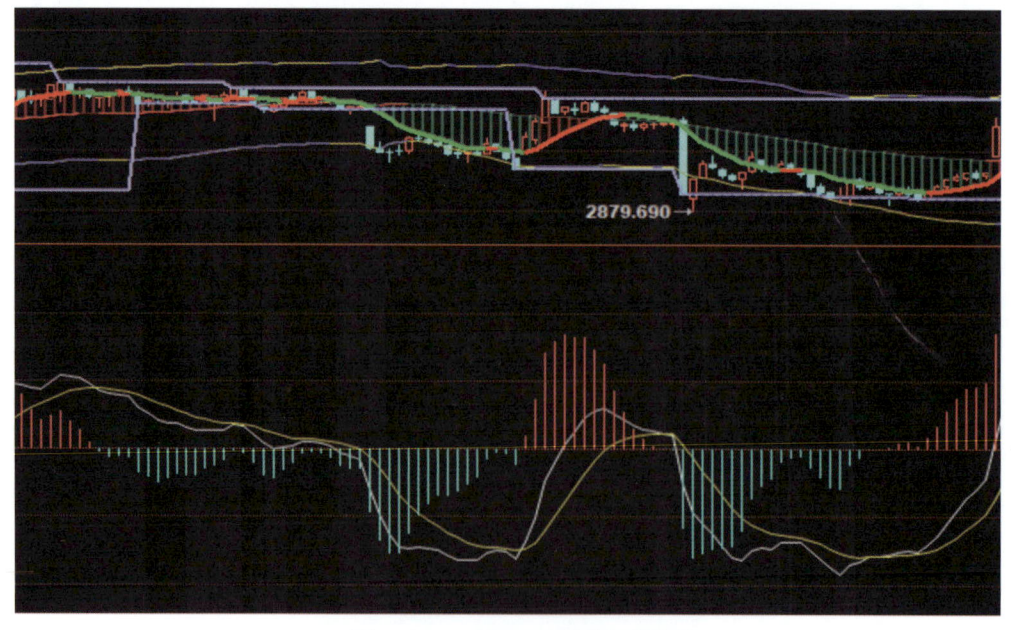

图4-32　MACD预测未来走势4

强势上涨形态：红柱一根比一根长，双线开叉很大，向上斜度很大，这种形态通常上涨的幅度都很高，速率也快，是最有价值的行情，如图4-33所示。

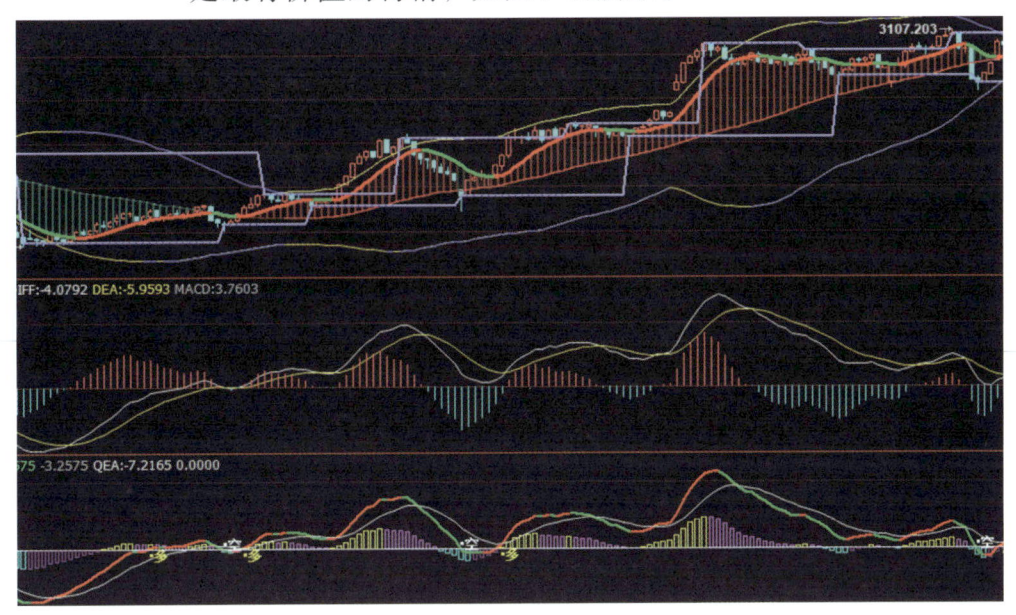

图4-33　MACD预测未来走势5

大跌时的形态，如图4-34所示。

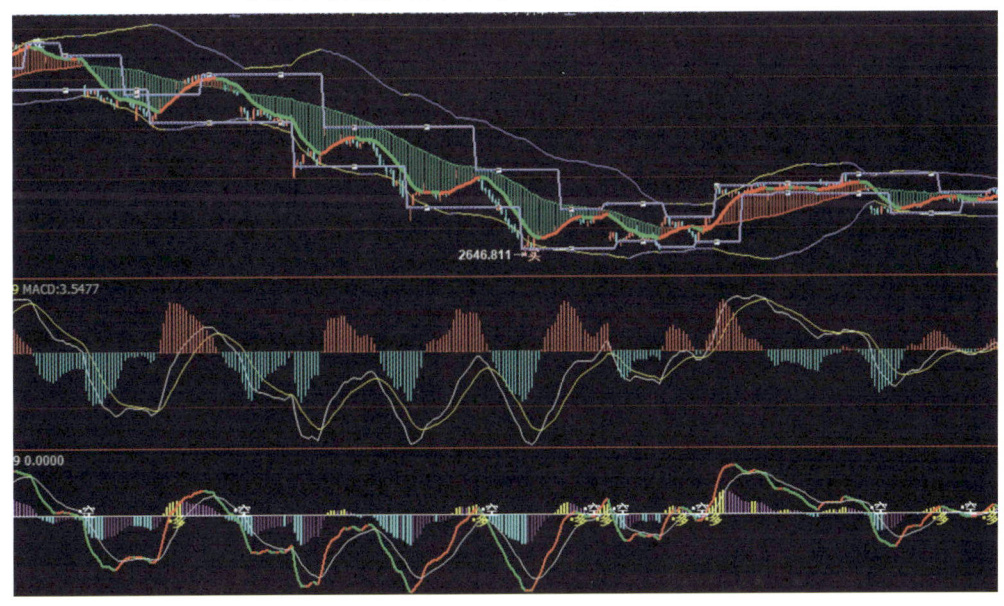

图4-34　MACD预测未来走势6

横盘震荡势的形态：红柱蓝柱很短，双线在0轴上下小幅穿梭，没有明显的趋势特征，这种走势，只能观望。一旦介入，做错的概率很大。这种走势在趋势中占60%～70%。所以，正确判断和把握趋势，显得尤为重要，如图4-35所示。

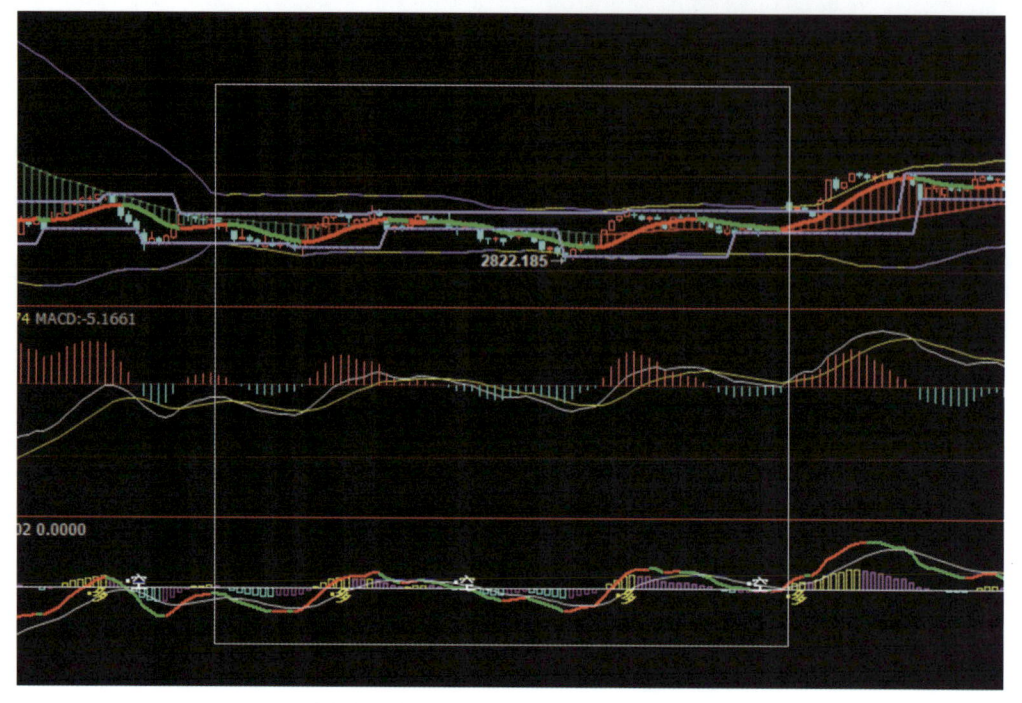

图4-35　MACD 预测未来走势 7

六、判断走势的强弱

在MACD指标上看双线离0轴的距离，通常离0轴越远，无论是金叉还是死叉，上下的幅度和速率都有限，所以在操作上不要盲目做多做空，如图4-36和图4-37所示。

当MACD指标的红蓝柱不断延长就是大行情，在回调后第2波红蓝柱比第1波更长，这种行情能走得更大，即使第3波柱长超不过第1波或第2波，都能创新高或新低。如图4-38和图4-39所示，柱子表示能量，柱子越长能量越强，上或下的幅度就越大，速率也就越高。

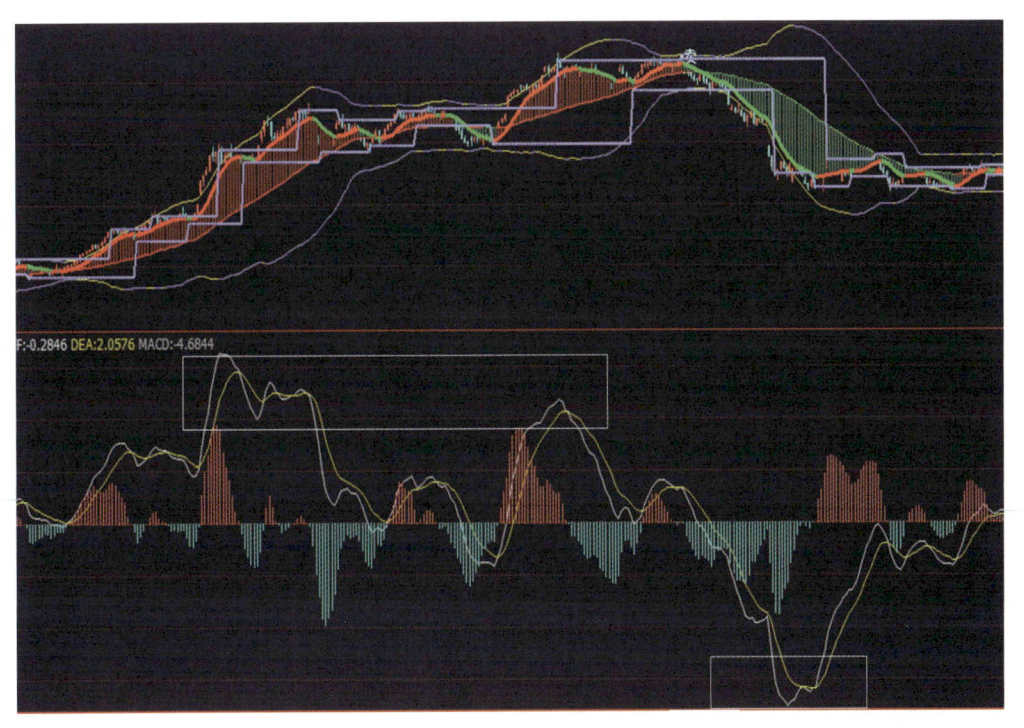

图4-36　MACD 判断趋势强弱 1

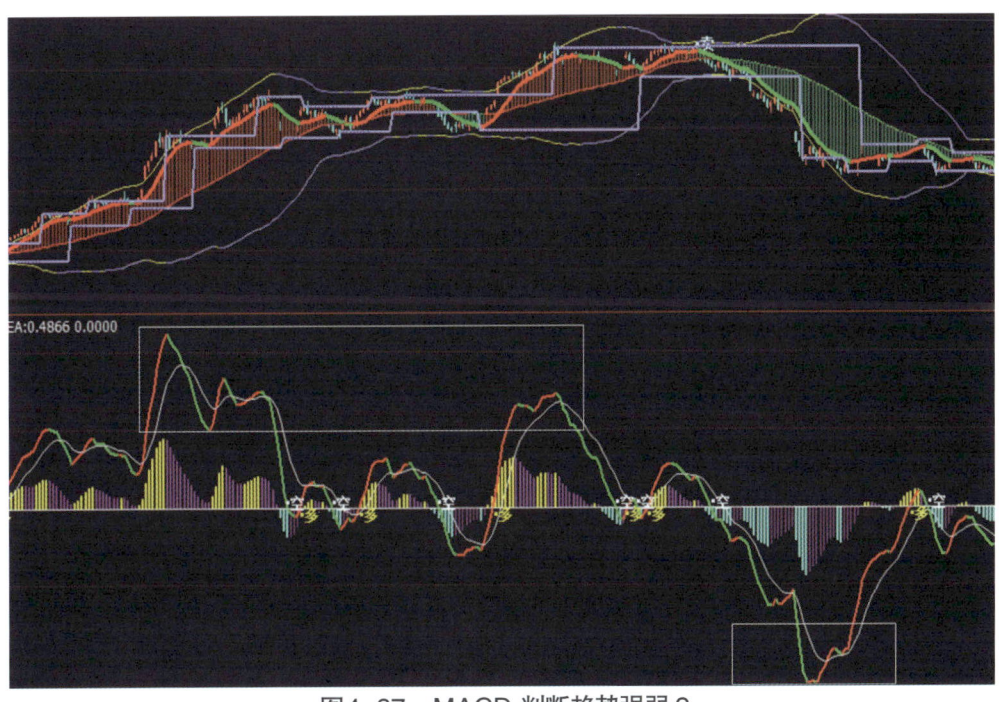

图4-37　MACD 判断趋势强弱 2

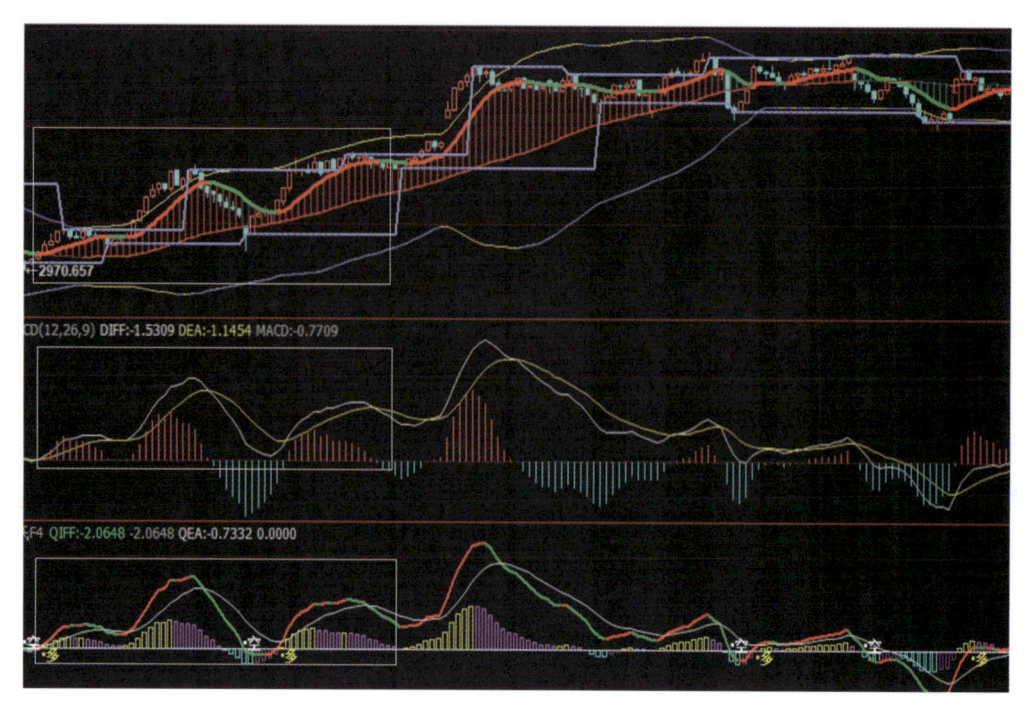

图4-38　MACD 判断趋势强弱 3

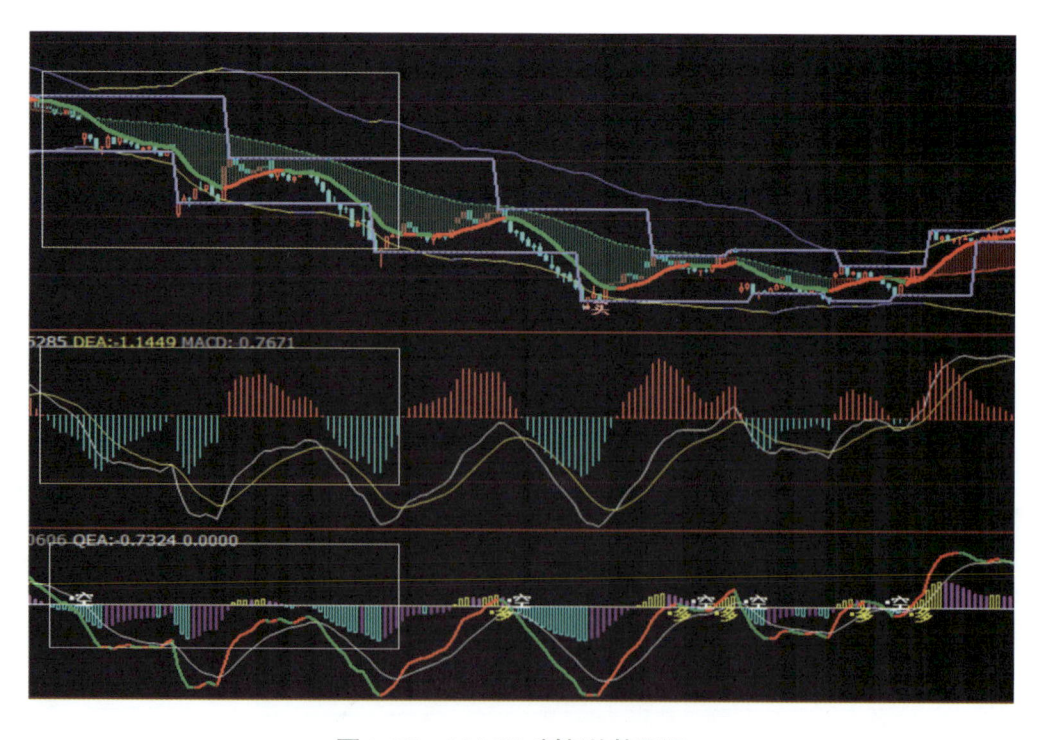

图4-39　MACD 判断趋势强弱 4

七、判断市场超买、超卖（乖离）

MACD指标的超买、超卖表现在顶、底背离，也就是乖离率过大后，价格虽然还在前进，但双线向相反的方向走了，这预示着调整马上来临，要引起高度注意，如图4-40至图4-42所示。

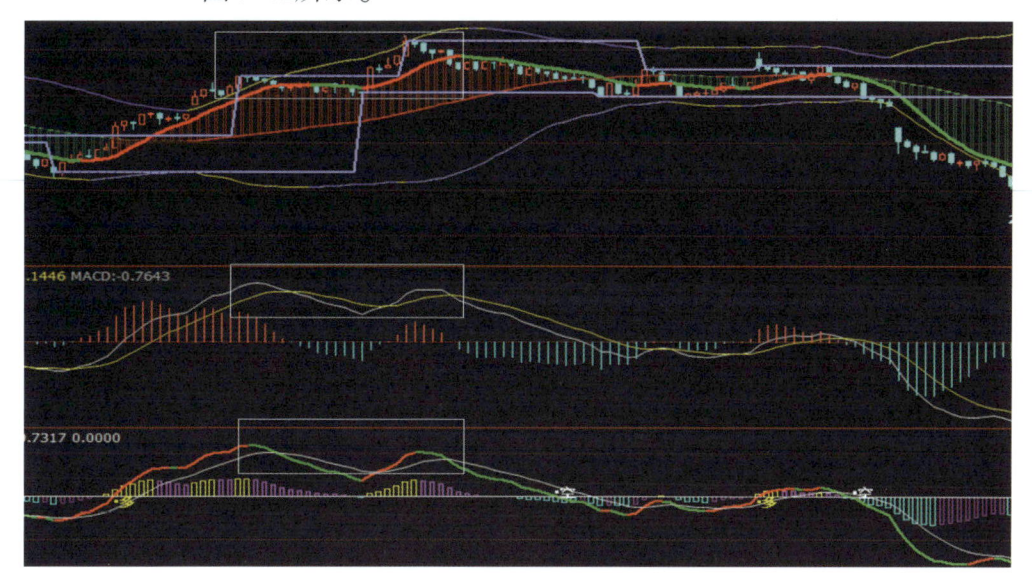

图4-40 MACD 判断超买超卖1

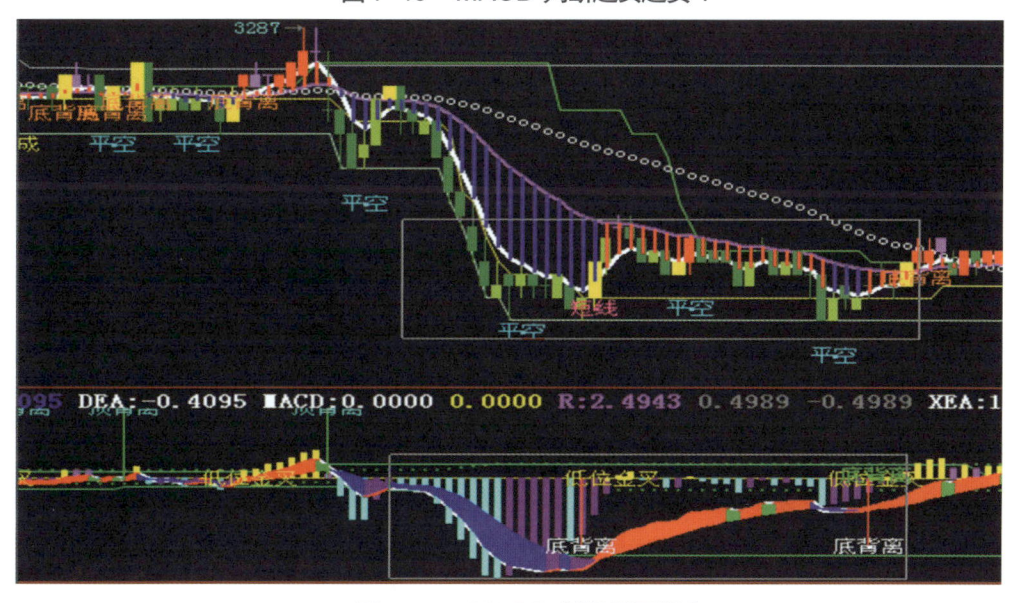

图4-41 MACD 判断超买超卖2

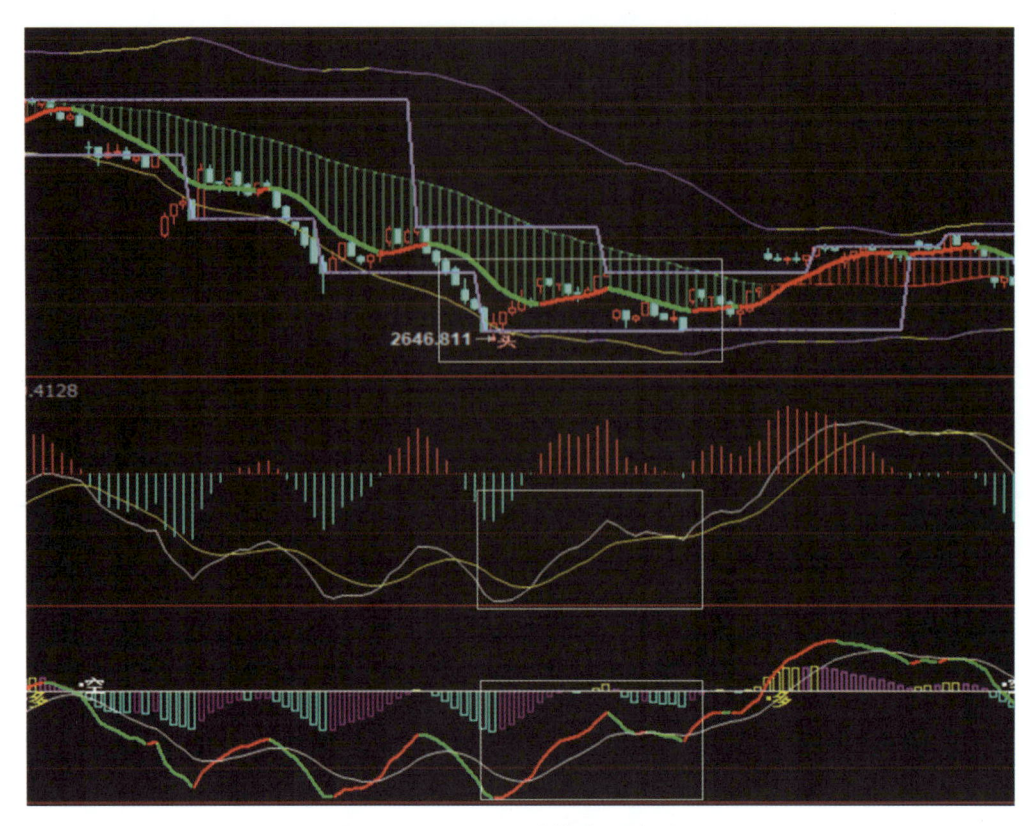

图4-42　MACD 判断超买超卖3

八、双线的位置

用双线的位置去分析波浪理论的走势形态和波浪结构。上穿0轴是一浪，回调后的0轴上第一个金叉是三浪，出现第一个顶背离时是五浪。

MACD指标是分析波浪浪型的最便捷的工具，人们常说"千人千浪"，这往往是因为第一浪从哪里数起，每个人都有所不同，而MACD就有效地解决了这个问题（上穿0轴是一浪，回调是二浪，回调后的0轴上第一个金叉是三浪，再次回调是四浪，出现第一个顶背离时是五浪），如图4-43至图4-45所示。

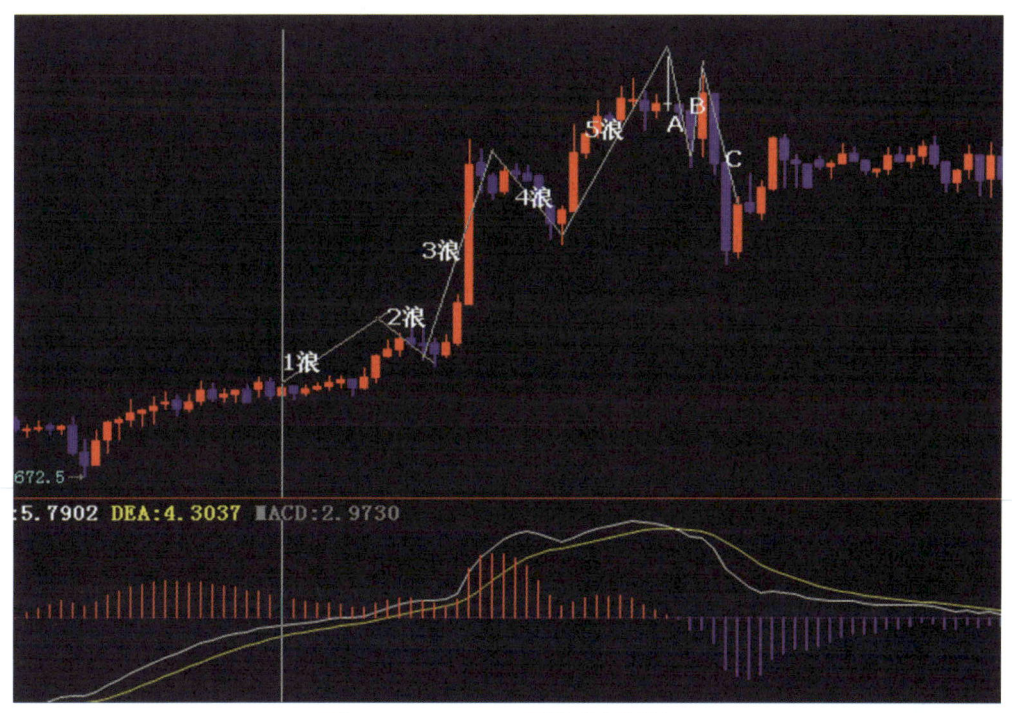

图4-43　MACD双线分析波浪1

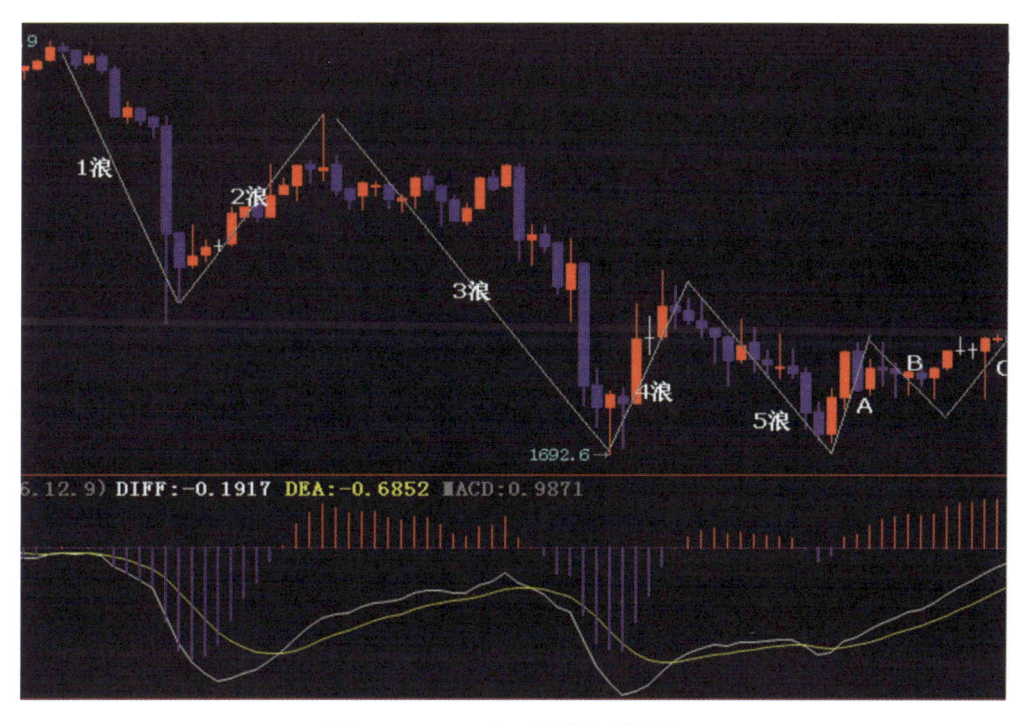

图4-44　MACD双线分析波浪2

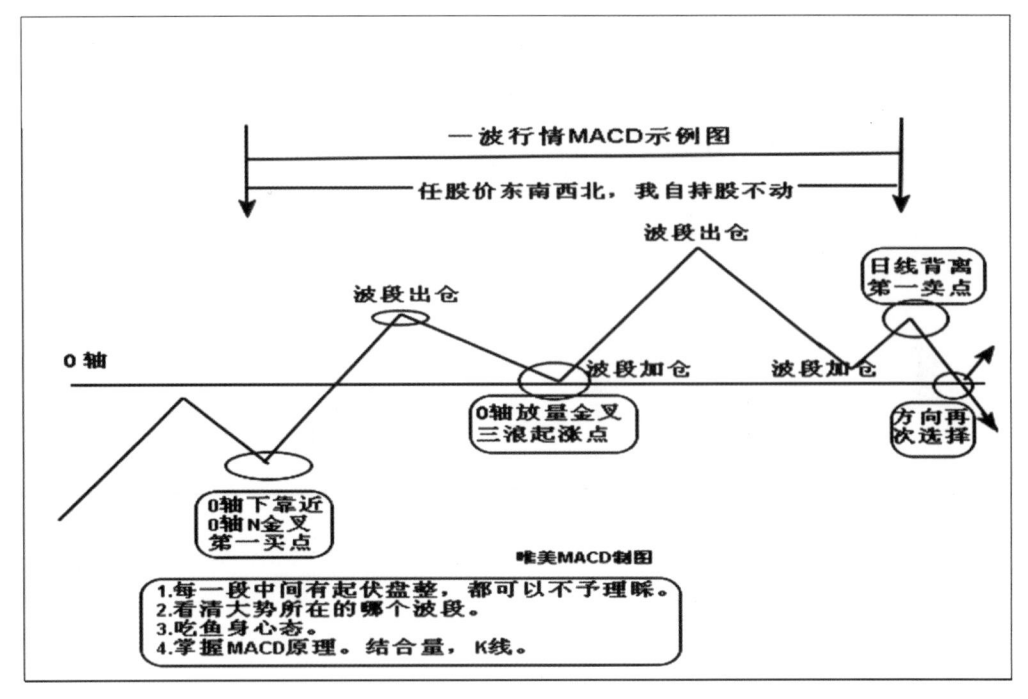

图4-45 一波行情 MACD 示意图

九、把握市场走势的加速点

市场走势的加速点：主升、主跌浪或第三浪。

MACD指标的最佳买点：我们吃鱼肉最多的部分是鱼身，在行情最肥的是主升浪（第三浪），怎样抓主升浪？就是当DIFF和DEA均大于0（即在图形上表示为它们处于0线以上）并向上移动时，一般表示为市场处于多头行情中，可以买入做多；这表明市场已从空头反转为多头。此时也是推动浪（第一浪），经过一段上升后，价格出现回调（第二浪、调整浪），只要双线不下穿0轴，再次向上金叉（0轴上的第一个金叉）就是最佳的买点，也是主升浪（第三浪）的开始。

最好满足的条件：①放量；②K线突破前高；③金叉位置离0轴不能太远（图4-46和图4-47）。

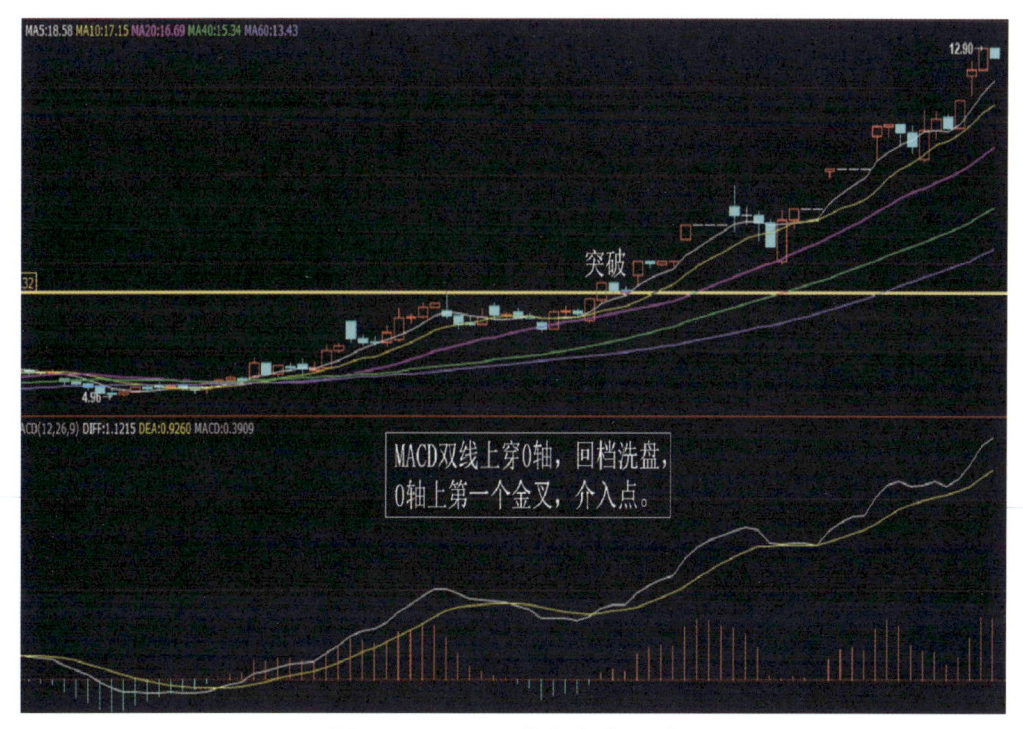

图4-46　MACD指标把握买点1

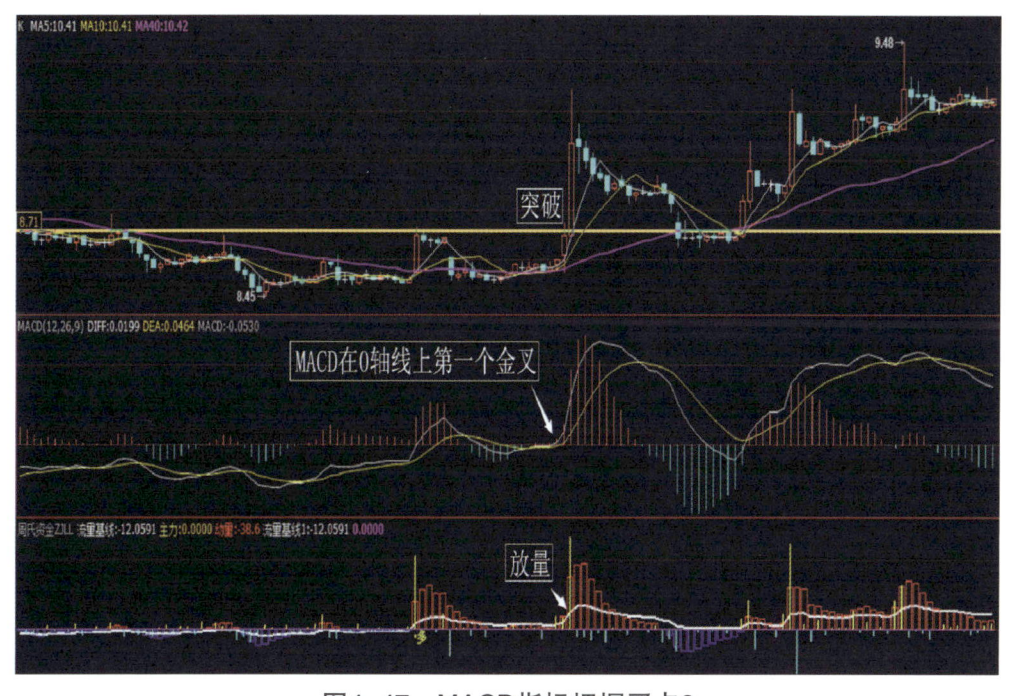

图4-47　MACD指标把握买点2

十、判断多、空的好工具

MACD指标的分析主要是围绕快速和慢速两条均线及红、绿柱线状况和它们的形态展开。一般分析方法主要包括：①DIFF和DEA值及它们所处的位置；②DIFF和DEA的交叉情况；③红柱的收缩情况；④MACD图形的形态。从这四个方面进行分析。

1. DIFF和DEA的值及线的位置

（1）DIFF和DEA上穿0轴，价格也随之走高，这是做多的极佳位置，通常DIFF和DEA双线不死叉可继续持有。

从图4-48可以看到，DIFF和DEA均在0线以上并向上移动时，行情大幅拉升。

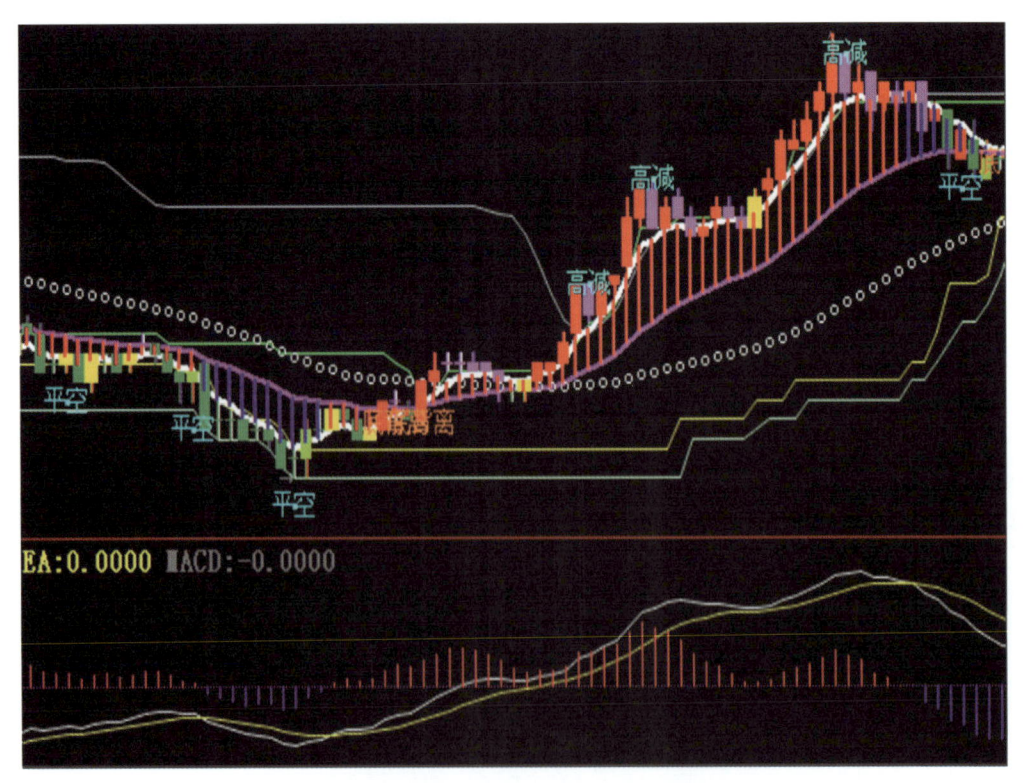

图4-48　MACD和DIFF判断多空1

（2）当DIFF和DEA均小于0（即在图形上表示为它们处于0线以下）并向下移动时，一般表示为市场处于空头行情中，可以平仓多单，开始做空。在图4-49中可以看到，DIFF和DEA均小于0，并向下运行，其价格也短期内大跌。

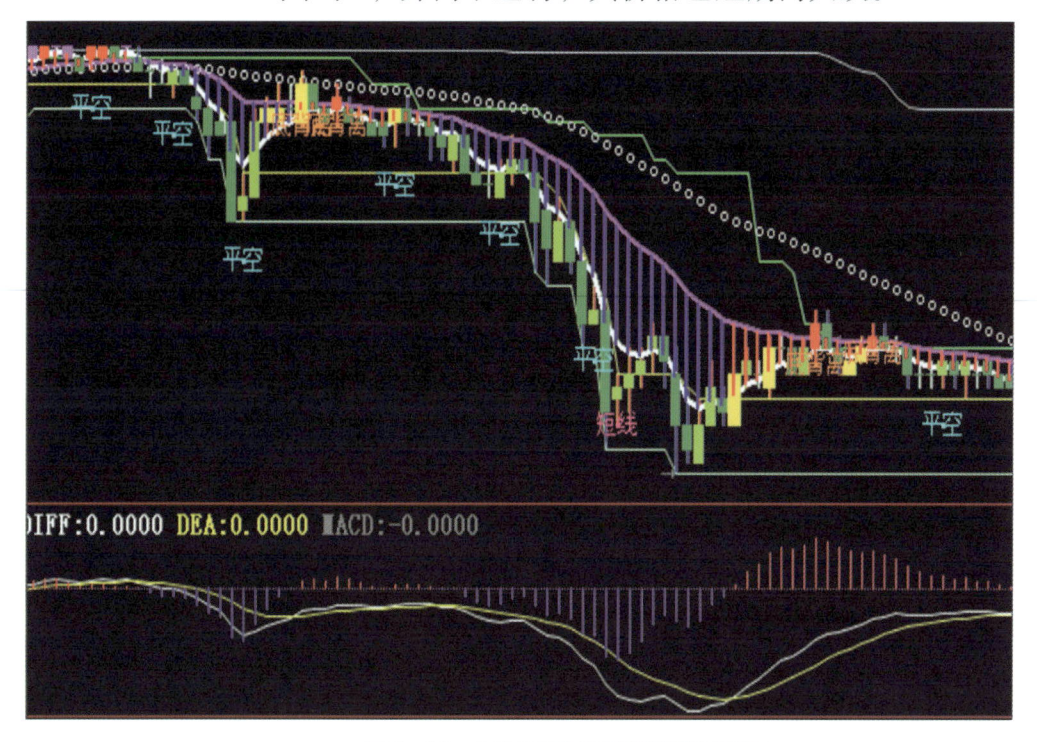

图4-49　MACD和DIFF判断多空2

（3）当DIFF和DEA均大于0（即在图形上表示为它们处于0线以上），但都向下移动时，一般表示为行情处于多头市场的短期回调阶段，在总体看多的情况下，可以先卖出观望。从图4-50中可以看到，DIFF和DEA在0线以上向下移动，价格回调一段时间后，再次大幅上涨。

（4）当DIFF和DEA均小于0（即在图形上表示为它们处于0线以下）但向上移动时，一般表示为空头市场的反弹阶段，行情将上涨，在总体看空的情况下，可以小仓位做多。

从图4-51可以看到，虽然DIFF和DEA在0线下一度向上移动，价格也随之小幅反弹，但仍然难改其下跌趋势。

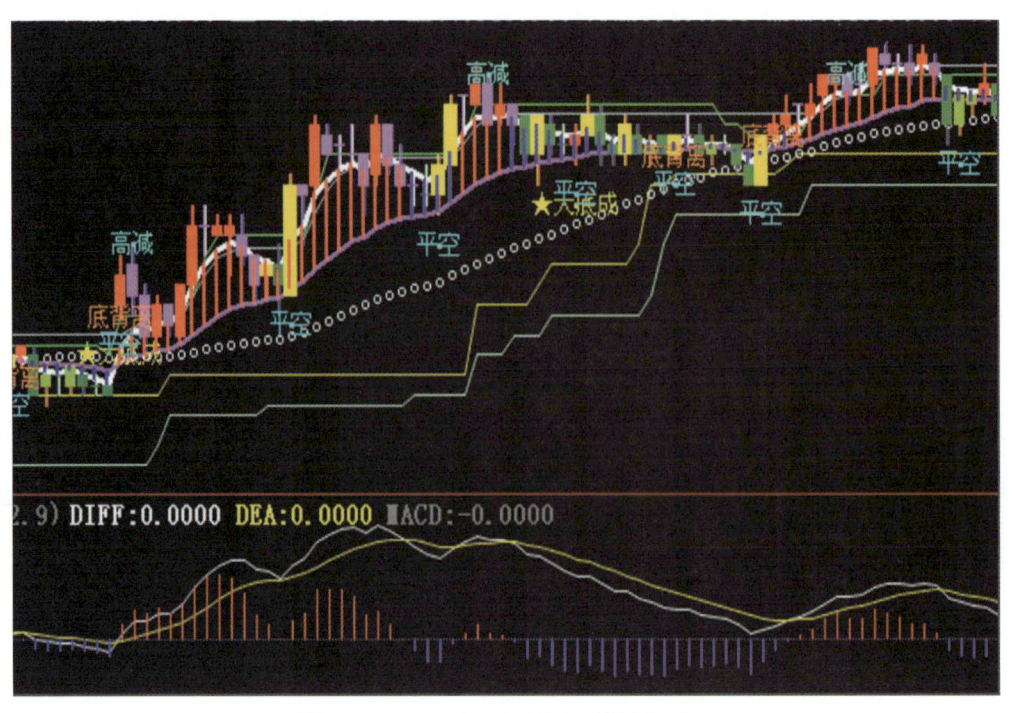

图4-50　MACD和DIFF判断多空3

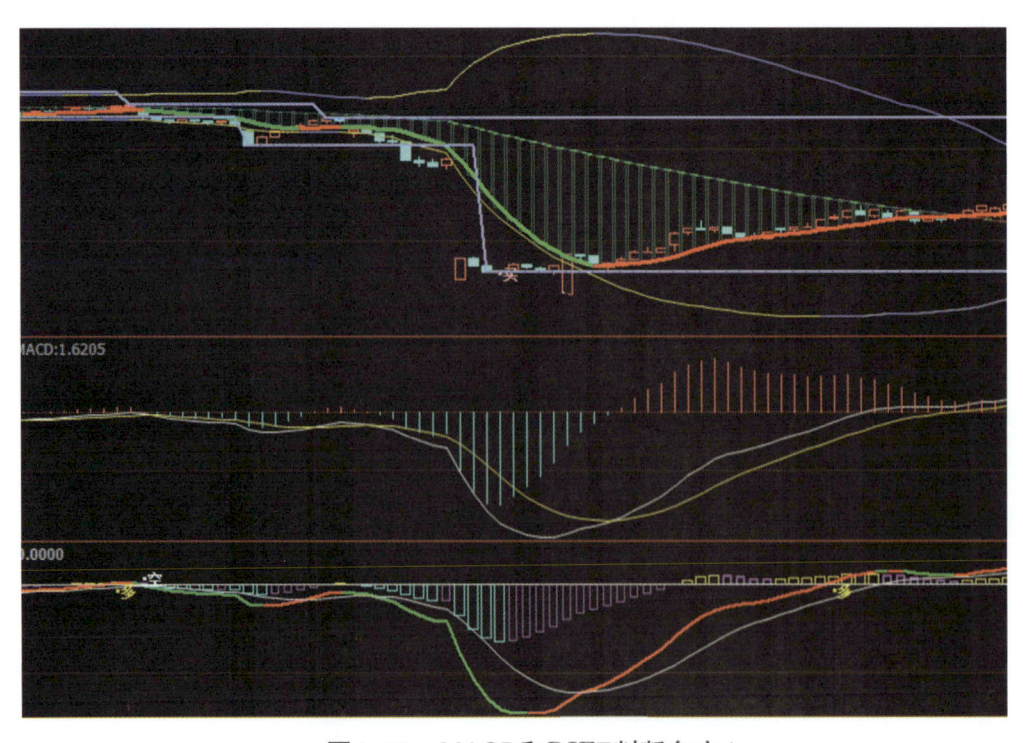

图4-51　MACD和DIFF判断多空4

2. DIFF和DEA的交叉

(1)当DIFF和DEA都在0线以下,而DIIF向上突破DEA时,表明空头市场的反弹行情已经开始,可以开始做多和持仓,这是MACD指标"黄金交叉"的一种形式。从图4-52可以看到在0线以下,MACD指标出现金叉后,其价格随之大幅拉升。

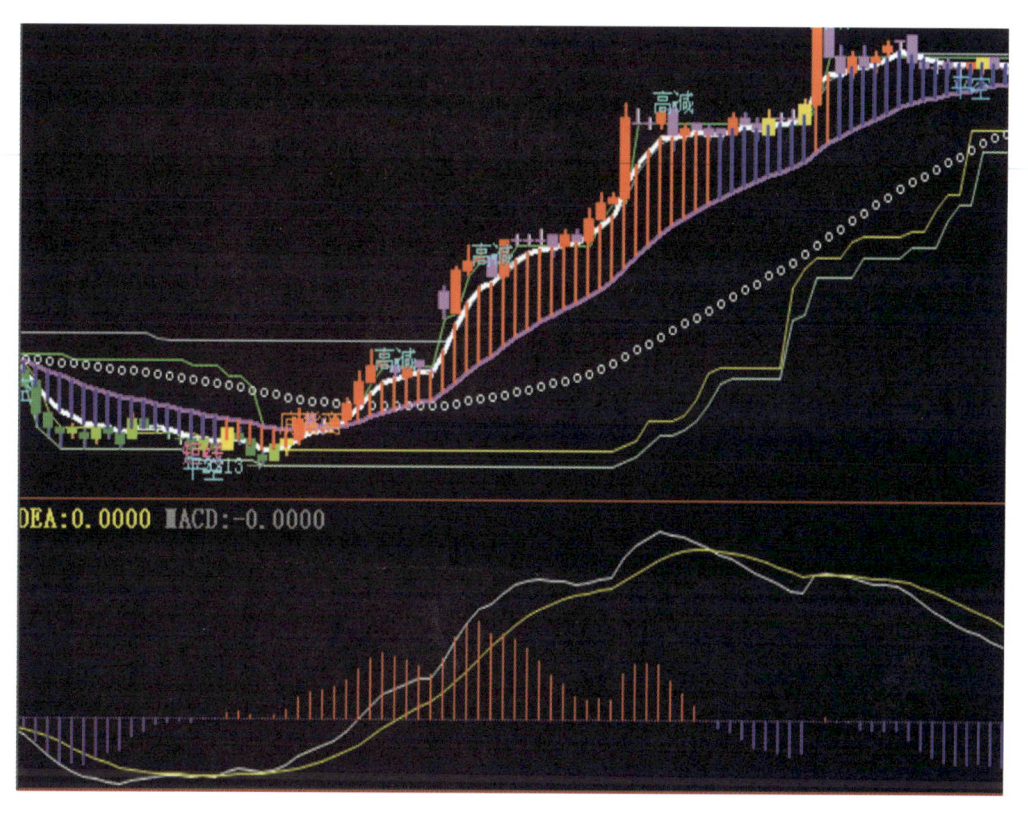

图4-52　MACD和DIFF判断多空5

(2)当DIFF和DEA都在0线以上,而DIIF向上突破DEA时,表明市场处于一种强势之中,价格将再次上涨,可以加码买进或持仓待涨,这就是MACD指标"黄金交叉"的另一种形式。

从图4-53可以看到,MACD指标在0线上方形成黄金交叉,之后价格大幅上涨。

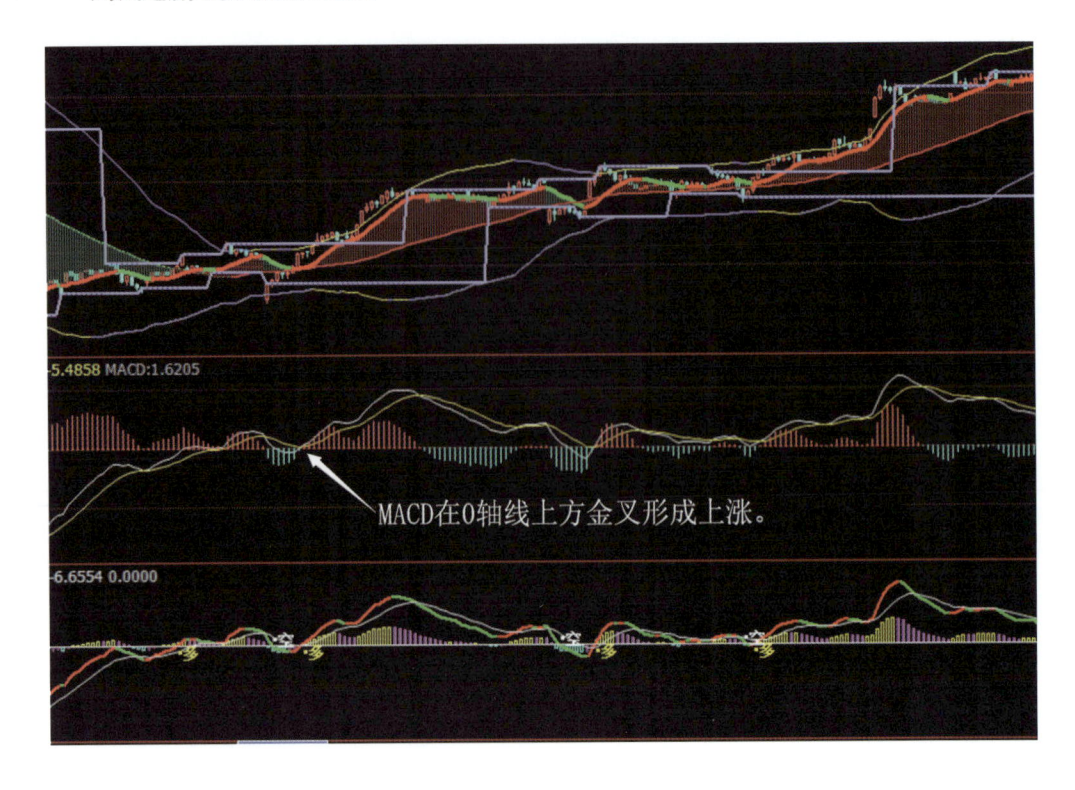

图4-53 MACD和DIFF判断多空6

（3）当DIFF和DEA都在0线以上，而DIIF却向下突破DEA时，表明行情即将由强势转为弱势，价格将下跌，这时应做空，这就是MACD指标"死亡交叉"的一种形式，图4-54中DIFF和DEA都在0线以上时形成了"死亡交叉"，估计之后是一路下行。

（4）当DIFF和DEA都在0线以上，而DIIF向下突破DEA时，表明行情将再次进入极度弱市中，价格还将下跌，可以做空或持有空单，这是MACD指标"死亡交叉"的另一种形式。

从图5-55可以看到，MACD指标在0线下方形成死亡交叉，之后价格是加速下跌。

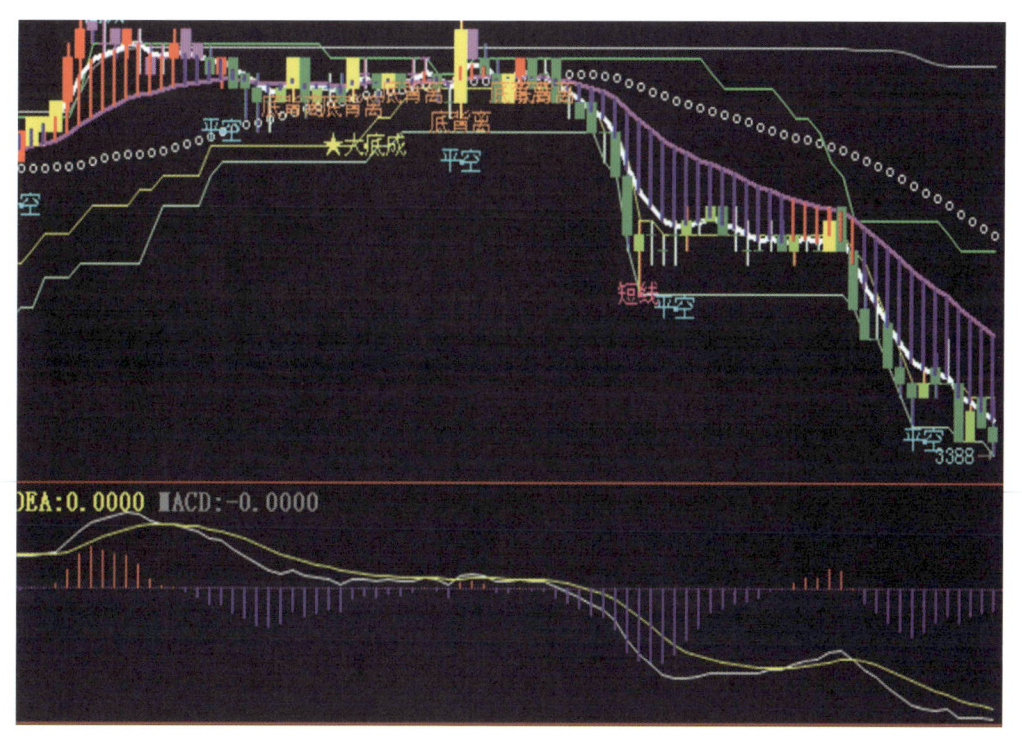

图4-54　MACD和DIFF判断多空7

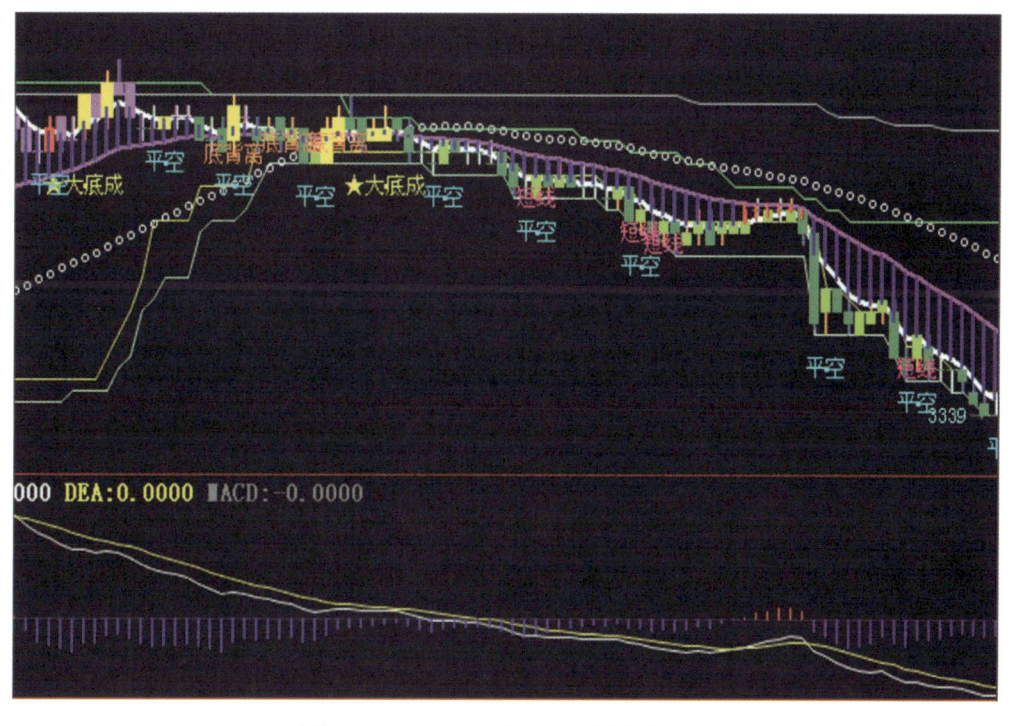

图4-55　MACD和DIFF判断多空8

3. MACD指标中的柱状图分析

(1)当红柱持续放大时，表明行情处于牛市中，价格将继续上涨，这时应持仓待涨或短线做多，直到红柱无法再放大时才考虑卖出。

从图5-56中可以看到，价格随着红柱的逐渐增加而大幅拉升。

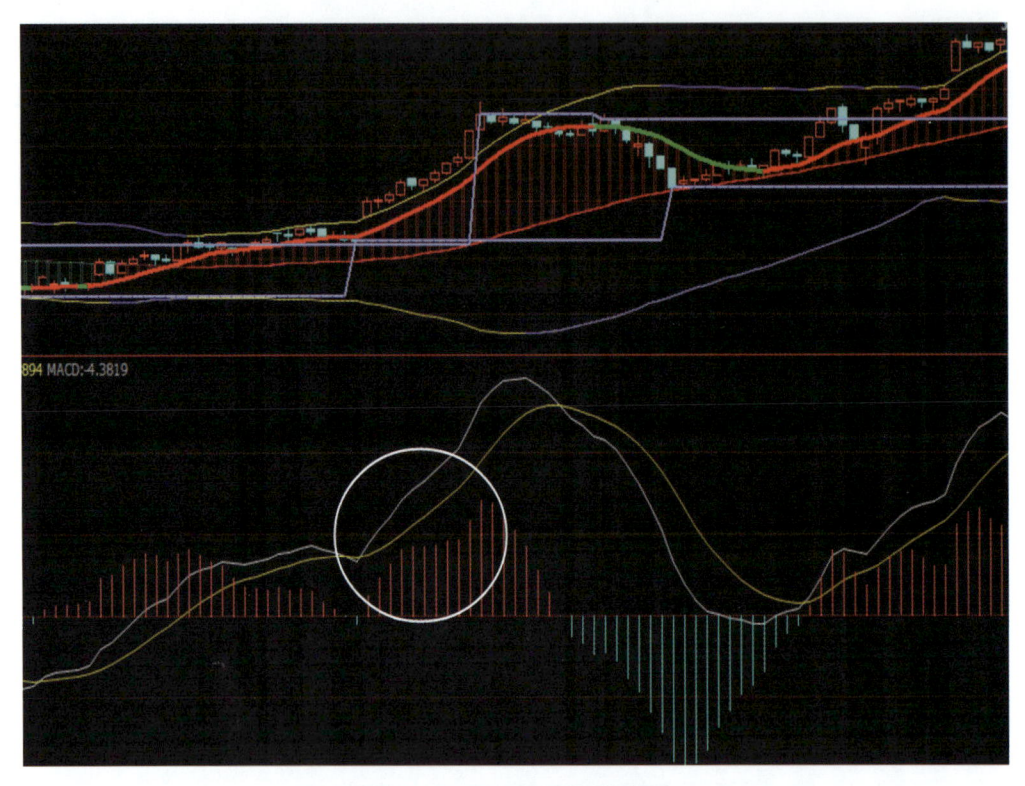

图4-56　MACD红蓝柱应用1

(2)当蓝(绿)柱持续放大时，表明行情处于熊市之中，价格将继续下跌，这时应做空，直到蓝(绿)柱开始缩小时可以考虑卖出空单，转而小仓位做多。

从图4-57中可以看到，随着蓝柱的逐渐放大，其价格加速下跌。

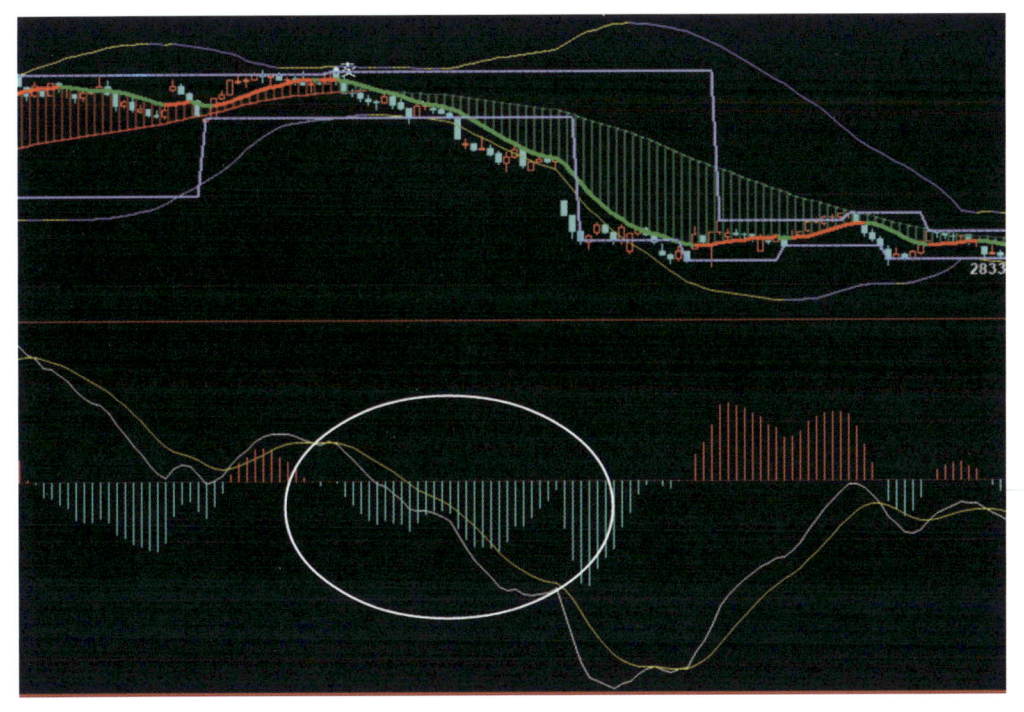

图4-57　MACD红蓝柱应用2

（3）当红柱开始缩小时，表明牛市即将结束（或要进入调整期），价格将大幅下跌，这时应卖掉多单，转而做空。

从图4-58中可以看到，在红柱逐渐缩小后不久，价格便大幅下挫。

（4）当蓝（绿）柱开始收缩时，表明大跌行情即将结束，价格将止跌向上（或进入盘整），这时可以少量进行长期战略建多单仓。

从图4-59中可以看到，在蓝色柱逐渐减小后不久，价格大幅拉升。

（5）当红柱开始消失、蓝（绿）柱开始放出时，这是转市信号之一，表明上涨行情（或高位盘整行情）即将结束，价格开始加速下跌，这时应开始卖出多单，转而做空。

从图4-60中可以看到，当红柱开始消失、蓝柱开始放出时，价格不久后大幅下挫。

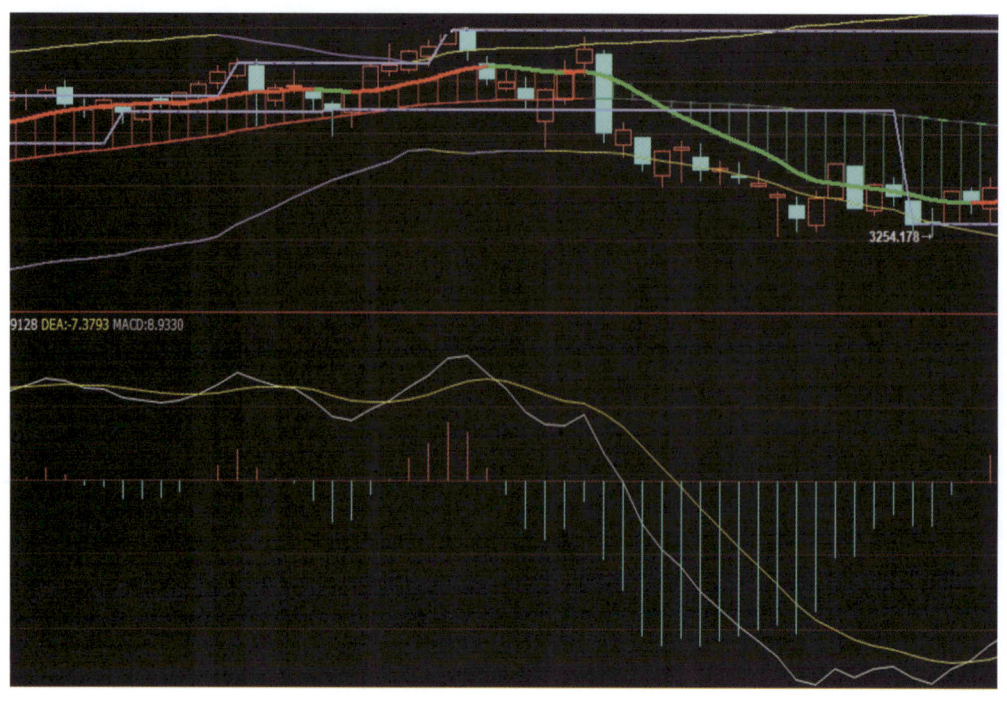

图4-58　MACD红蓝柱应用3

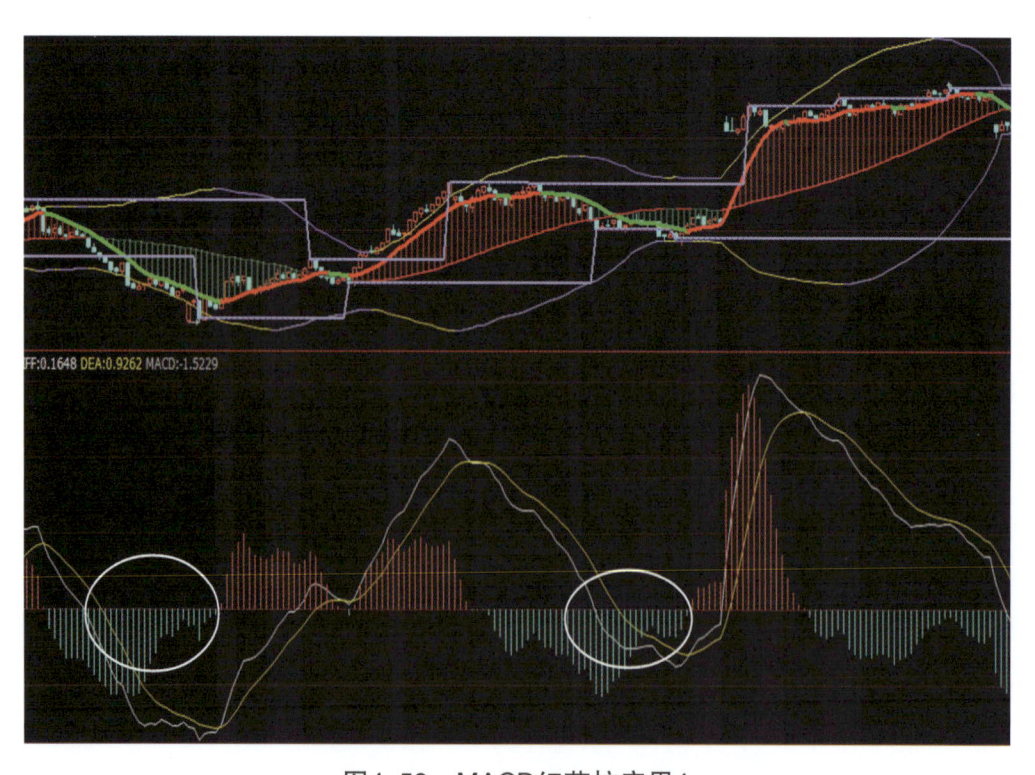

图4-59　MACD红蓝柱应用4

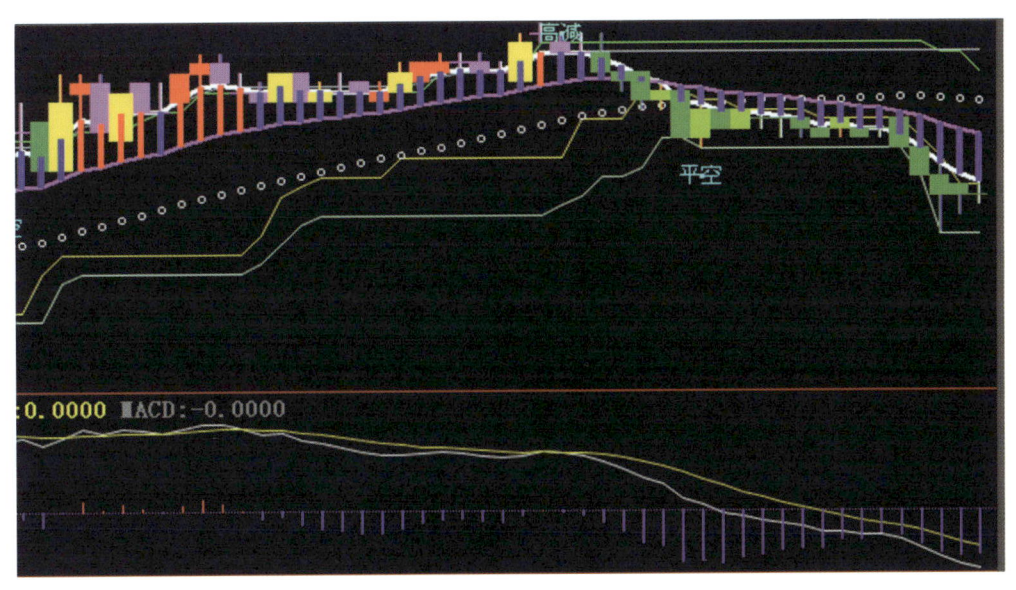

图4-60　MACD红蓝柱应用5

（6）当蓝柱开始消失、红柱开始放出时，这也是转市信号之一，表明下跌行情（或低位盘整）已经结束，价格将开始加速上升，这时应开始加码多单。

从图4-61中可以看到，在蓝色柱逐渐转换成红色柱后，价格大幅拉升。

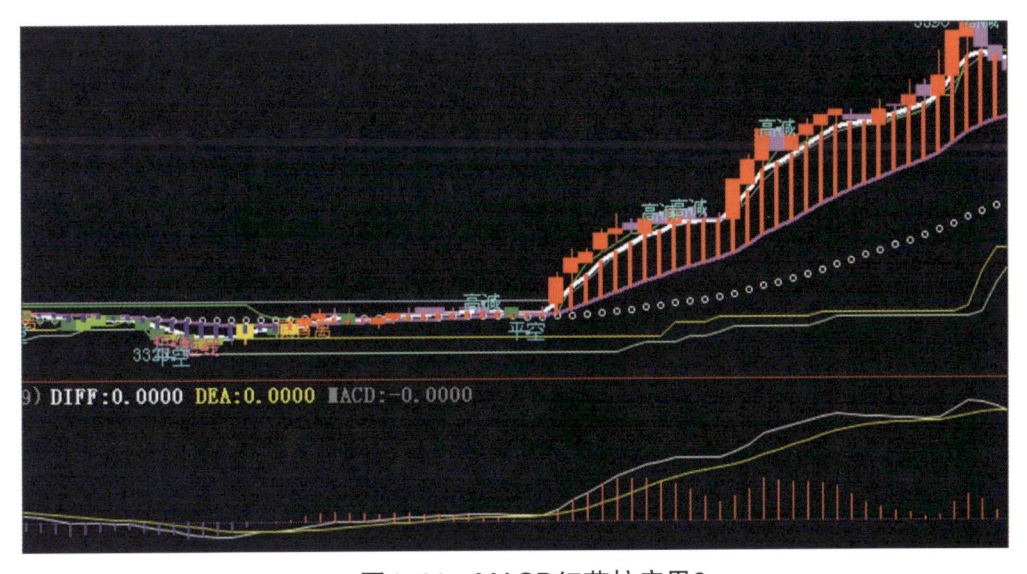

图4-61　MACD红蓝柱应用6

4. MACD图形的形态分析

(1)顶背离：当K线图上的价格走势一峰比一峰高，行情一直在向上涨，而MACD指标图形的走势是一峰比一峰低，即当价格的高点比前一次的高点高、而MACD指标的高点比前一次高点低，这叫顶背离现象。顶背离现象一般是行情在高位即将反转转势的信号，表明行情短期内即将下跌，是卖出多单，开始做空的信号，如图4-62所示。

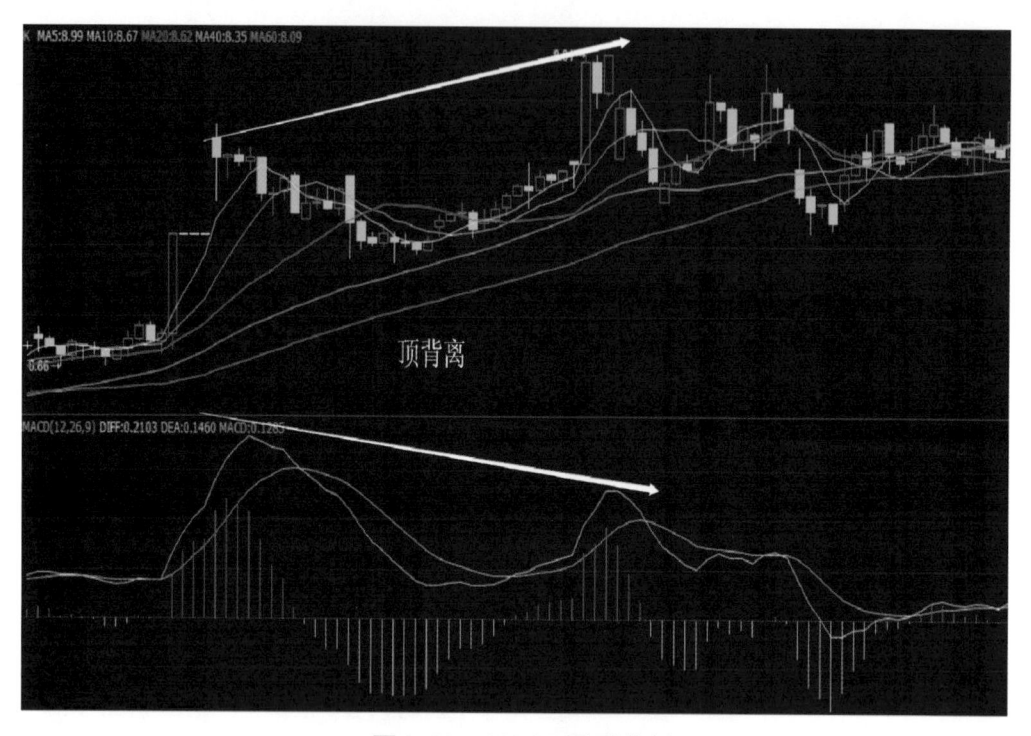

图4-62　MACD图形分析1

(2)底背离：底背离一般出现在价格的低位区。当K线图上行情走势在下跌，而MACD指标图形的走势是一底比一底高，即行情的低点比前一次低点低，而指标的低点却比前一次的低点高，这叫底背离现象。底背离现象一般是预示行情在低位可能反转向上的信号，表明短期内可能反弹向上，是短期做多的信号，如图4-63所示。

在实践中，MACD指标的背离一般出现在强势行情中比较可靠，价格在高位时，通常只要出现一次背离的形态即可确认行情即将反转，而价格在低位时，一般要反复出现几次背离后才能确认。因此，MACD指标的顶背离研判的准确性要高于底背离，这点投资者要特别注意。

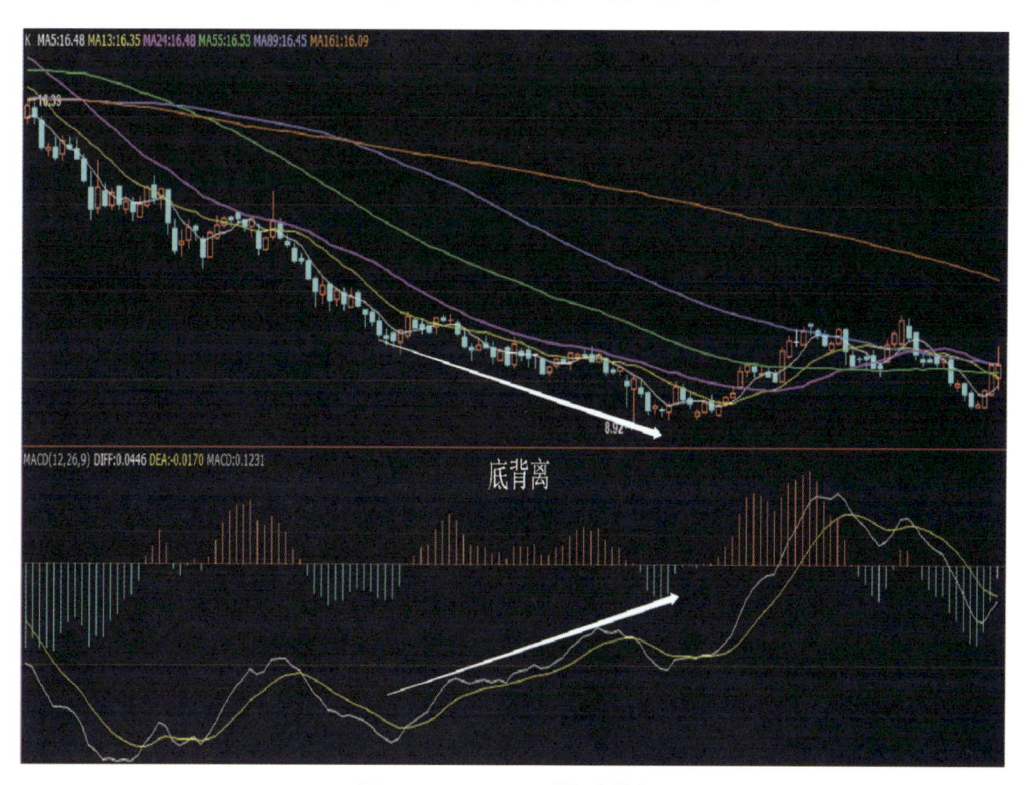

图4-63　MACD图形分析2